문학사랑시인선 54

예고된 길 뜻밖의 예감

●

이승돈 시집

●

오늘의문학사

국립중앙도서관 출판시도서목록(CIP)

예고된 길 뜻밖의 예감 : 이승돈 시집 / 지은이: 이승돈. --
대전 : 오늘의문학사, 2017
p. ; cm. -- (문학사랑 시인선 ; 54)

ISBN 978-89-5669-847-2 03810 : ₩15000

한국 현대시[韓國現代詩]

811.7-KDC6
895.715-DDC23 CIP2017022667

예고된 길 뜻밖의 예감

■ 들어가는 말

깔끔한 안타 하나 녹녹치 않았던 이민생활 내내 잔루로 남았던 누상주자壘上走者격인 식솔들을 다 불러들이지 못하고 정규리그는 이제 접어야할지도 모른다.

길은 떠날수록 네게서 멀어졌지만 그리움은 아직 내게 시작 같아서 섬마을 '부록' 빗돌 이름처럼 늘 뒤돌아봐지는 아쉬움의 몫이 타석에 홀로 서 있다.

'괜한 어젠 웃음을 얻어/ 기쁨을 죄 실었다가// 꼭 하룻길 오늘 눈물로/ 슬픔이라 부려놔요 // 남긴 건 속 영근 두레박 / 아름드리 긷는 소식.'

— 가락시 〈빈수레〉에서

좋은 소식의 깊은 우물로부터 둥글게 영근 두레박이 길어낸 마중물 얘기들을 수레 하나에다 가득 담아 오랜 기다림에 목말라했던 이웃 분들께 쏟아내고 싶다.

이미 예고된 말씀의 길을 걷고 헤아려보기도 했지만 내일은 어떤 뜻밖의 마련이 기다릴지 아무도 알 수 없는 가운데 설레는 예감의 관심을 묶어본다.

아직은 낯선 그 바람과 빛을 모아 항상 낮은 곳에서 향기를 내뿜는 들꽃마냥 우리들이 선택한 신념과 행함이 빚은 노정에서도 길벗으로 만난 지상의 보람된 하루를 기뻐해야겠다.

물 맑은 덕유산 두문리 계곡에서…

2017년 8월 어느 날

‖ 차례 ‖

제1부

제2부

제3부

제4부

제5부

제6부

제7부

제8부

제1부

선착장에서

묻에 닿으면 일정한 방향으로 묶여
자초지종 먹은 물도 게워내고
곧추 선 레이더망은 일절 통신을 끊었다

일찍이 먼 바다로 나섰던 유선형 꿈 이후는
쓸쓸한 포구선창 누실陋室과 다름없으니

인접한 낯익은 선체끼리라도
무지러진 가슴 고무바퀴 오려서
두려움을 한층 두텁게 싸매야 한다

때론 별빛 제시해준 좌표 따라
접안 하고팠던 섬 등대야 없었으랴만

바람마저 드문 날 마음이란
물밑으로 갈앉아 녹 쓴 닻처럼
눈꺼풀 무거운 오수의 창가에 기댔다

그래도 물기 없는 페인트 결 외벽엔
아직 식별 가능한 눈부신 이름들

서로에게 얽힌 밧줄 가닥들로 풀어놓으면
낮 등불 흐린 뒤일수록 흔들림이 심했지

젊은 날 포도밭 같은 바다 배웅 길
수많은 별들 거느린 하늘 좌표 따온 밤은
구름도 외로운지 달을 품고 잠들었고

돛폭에 베껴 널던 우리들 항해일지는
갈매기 부부 한 쌍 파도 타는 시가 되어
염두에 둔 이별 구명보트도 옆구리에 찬 거다.

누에들의 얘기 바다

바다가 보이는 곳에 눕고 싶다
누에처럼 푸른 뽕잎 먹고
하얗게 목덜미 세운 파도들이
사그락 사락 뭍 기어오르는 언덕

호기심 많은 물고기가
물 위로 솟구쳤다 놀랍게
새에게 채어가는 동안에도

햇볕 쪼이며 앉은 조약돌은
줄곧 시치미만 떼고 있고

수심을 짐작할 수 없는 곳에선
바위틈 살랑대는 해초들이
보물지도를 놓고 수런거린다.

배 지어 어부로 나서고 싶다
밤 눈 가득 밝힌 누에들과
둥글게 수면 위로 몸 굴리면

어제와 조금도 낯설지 않은
파도소리 나를 어루만진다

바다는 별들 가득 밑밥 뿌려
누에들 조상 적부터 머금은 얘기
그물로 자꾸 거두기만 하여도
하루 세끼 밥을 내주곤 했고

바쁘게 항로 이탈한 배들의
갈매기가 끌고 간 수평선으로는
술 먹은 달이 발 헛딛고 만다.

누에처럼 실 잣고 싶다
파도에 떠밀려온 섬 하나
거문고처럼 덥석 안길 때

푸른 물결 아슴했던 뽕밭은
출구 도배해놓은 마지막잠 고치실
월척 떠올려 얘기판을 키우고
해저에 닿고도 남을 실마리 푼다

손가락 숭숭 드나드는 개펄
눈꺼풀 덮은 바지락꿈 캐느라
팔소매 걷어붙인 우리들은

포획된 누에들의 이야기 실 뽑아
땀에 젖은 하루치 노래로 불렀다.

탄포포의 바람 길

—네가 내 곁이었을 적에

탄포포*로 배웅 가는 바다 바람은
비스듬한 갯바위 노인 등 한 번 쓸어주고

시지프스 신화 같은 높은 계단 집의
버금자리 풍경에 단비 꼬드기던 창가
붉게 핀 제라늄 화분 햇살로 놓여
진열된 메뉴들과 화사하게 붐비다 간다

포물선 바다는 팔 안쪽으로 굽어져
낮은 수평 가까이로 날갯짓 하다
모래밭 종종걸음 귀가하는 갈매기들

개펄은 더 낮게 깔린 수문 닫아걸어
하루 밑이 자주 뒤돌아 보인다는 건
현재의 발밑이 고르지 않은 탓일 거다

밤새껏 나를 가만 마주보던 가로등의
대낮에도 눈곱 붙이고 섰던 희미함
아니 우리 아버지 돋보기 촉수의 명암

육지로 오르고 싶어하는 모든 건
부레가 있어 잠수하고 살던 꿈일 뿐

비상을 도모하려다 중심 잃은 날개와
알게 모르게 마디 굵어진 불편에서
바람은 나를 길들이느라 여름내
좌표를 따로 그려놓은 파도를 탄다

수심을 짐작할 수 있는 곳에선
바위틈 꼬리 살랑대는 해초들이랑
모래바닥 배영하는 물고기들 잠자고

세상 암초 곁으로 서성이다 화 들이친
먹이사슬과 무관찮은 식탁 모퉁이엔
까마귀 떼에게 쫓겨난 독수리처럼
알 굴리던 육추育雛의 낡은 발톱들

젖먹이 딸린 조금물때 칭얼대는 바다의
물고기 비늘만큼 얽힌 눈물은 아니라도
한 세대 후속 빈자리 또 무엇이 배치되든

‘그대가 있기에 사랑이 있네’* 라고 일러줄

비로소 우리 동반할 바람 만나게 되면
탄포포 길 바람이었을 너를 만나게 되면.

* Tanpopo : 밴쿠버의 바다가 보이는 English Bay 다운타운 Danman거리에 위치한 가파른 2층 일식집.
* 제라늄의 꽃말.

소라蘇羅섬 파도타기

파도와 겨루어본 사람은 안다
한 때 아무리 큰 우리들 장애였어도
때가 되면 조약돌로 부서지거나
모래알처럼 가라앉을 수 있음을

여름내 뜨겁게 달군 파라솔 아래
기다림의 의자는 탁자 위로 엎드렸고
발가락 사이로 기진한 듯 달아나는
겨울 파도의 잔해들이 시리도록 에인다

바람 가득 타고 넘으면 숲의 나라
인어가 살았다고는 쓰지 않겠지만
꼬부랑 할머니 소금가마 고고 있을 해저
먼 바다 가득한 얘기들에 귀 기울이면

어느 날 보물을 가득 싣고 떠난 배들도
산호초 앞에서 난파당한 채 묻혀있고
섬 주위는 이빨 세운 상어들만 배회하여
밤이 되어 나를 밝혀줄 성근 별 글썽였다

태평양 검은 가슴 물새 떼가 이정표 없이
콜럼버스보다 먼저 바다 가로질러
신대륙 하고도 알래스카로 날아가듯

다만 바람처럼 파도를 탈 줄 알게 되면
우리들은 배를 젓거나 헤엄치지 않아도
삼킬 듯한 몇 날의 파도 터널 지나
마침내 소라섬에 도착할 수 있으리라

설원이 산 이루어 펼쳐진 북극바다 지나
빙산더미 서성이는 백색 곰도 만나고
킬리만자로가 보이는 동물의 낙원
케냐와 탄자니아의 평원 같은
잔잔한 바다 벽화 되어 누웠을 때도

소라처럼 반짝이는 파도들의 고향
새로운 섬 하나 둘씩 만나보도록
파도타긴 오늘을 실어 내일로 펴 나른다.

* 소리蘇羅섬: 실제 없는 가상의 신생 섬.

김치로 절인 마음

성한 포부들만 제외하고는
패색 짙은 그날 흙으로 돌아갔다

땀 지어 모인 들꽃 같은 이웃과 살다
옆구리 결린다고 병원 다녀오고선
췌장암으로 시종 감아쥔 긴장
손아귀 힘 풀어놓고 가던 사람 있듯

먼 동쪽 반도 마을 씨 받아 왔다는
뿌리 흙도 채 털리지 못한 배추들이
산지産地에서 상자째 실려 와선

얼마간 겉을 싸고 시들었거나
병색 깊은 속들은 뜯겨 나기 바쁘다

카르르 까르르릉 째르 따르리릿
주어진 사정안에 더 많은 난도질 위해
날마다 한 번 조선 칼의 날 벼리는 비명
한 팔뚝 내민 나도 배추 몸통 반절이나
뜬 눈 생선 배 따고 여지없이 토막 친다

땀 되어 흐르지 못한 소금은
눈물로도 비치지 말자 간 쳤지만
고추 마늘 생강에 젖국 따위가
매운 소스 되어 달려 붙은 맨얼굴에서
땀보다 눈물 먼저 후드득 듣는 아침

빨간 고무장갑 속에 면장갑 낄 땐
다칠세라 임자 반지도 빼놓고
숫기 없이 무르다가 짠 눈썰미의
두 겹 비닐 앞치마 두른 남사당 사내는

부딪쳐 금 간적 없는 엄한 독처럼
종가댁 어머님의 매운 맛 좀 닮았을까

탁탁탁 따다닥 탁
도마소리 부뚜막 얘기들이 패어가고
일곱 마디 속잎 썰린 마음 속 멍치의
쌉사름한 열무 한입 베어 문 뒤끝인지

고향소식 한 통화 찬물 헹군 안부는
절여도 싱싱한 몫의 생기들이 숨 쉰다.

웰링돈 저녁 까마귀 떼

웰링돈 하늘빛이 지레 충혈된 것은
그곳으로 까마귀 떼가 몰려들기 때문일까

오늘은 어디서 영역권 다투느라
주홍 글씨 피도 설핏 뿌렸지만
세상 살점 썩은 몫을 발라내선지
섭리처럼 움켜쥔 날갯짓이 충만하다

누군가 호명에 의해 점호라도 받듯
수백에서 기천에 이르는 검은 베레모들

저마다 관심 가지고픈 얘기들을 물어다가
저공하는 하늘 밑 낮은 지붕 구들장 놓고
전신주 어깨를 늘여 어디론가 교신해도

하늘 끝 배달 안 되어 반송되는 구름과
긴 정체구간 늘어선 가로수가 쏟아낸
제 철 바람에 동참 못한 낙엽들처럼

모였다 헤치기의 반복 늘상 부산하고
빈곤한 가지 끝마다 검은 눈을 반짝인다

남은 어둠에서 숙성된 저녁별이랑
노숙의 양말 뒤집듯 눈 감지 못한 생선을 실은
일 마친 내 수레도 마감 서두른 일몰 후

윌링돈 배경화면을 컴퓨터에 올려보면
아직 나를 따라온 가르마 정수리로
하늘 대오隊伍 지어 삽시간 지쳐 가버린
'가옥가옥' 울던 자판 받침 버린 뒤엔

'가오가오' 내쫓는 시늉만 남아
'가마가마' 손사래 친 졸음 끝의 고요

올 한해 만남부터 내친 그리움까지
활강도 비상도 못한 남은 변곡점에다가는
'가갸깍 가갸깍' 모국어 풍경風磬을 매단다.

강에 누운 돌처럼

수몰지역 남루히 지킨 갈대끼리만
산 기척 주고받는 퍽 오래 전

방아水車가 놓였던 다리께 추억으로부터
눈에 든 듯하면서도 한편 낯익지 않은
강돌 하나 선뜻 끄집어낸 이후
서늘한 첫 느낌은 종내 잊고 싶지 않았다

물이 있고 이따금 태공이 찾았을 뿐인데
진눈깨비 홀로 맞닥뜨린 늑골 부근은
달빛도 능히 다가가지 못한 징후
휑한 구멍 뚫어貫通石 내놓기도 하고

퍼덕이는 어살漁箭 죄어오는 상류에선
모양석石 되어 반듯한 포부 세우는가 하면
국자 하나 마음 떠낸 호반석湖畔石은
반신욕 어깨 쪽만 물 밖으로 내밀었다

누구나 돌을 보는 처음 눈길에선
취할 것과 버릴 것의 구별이 쉽지 않듯

마침내 그럴싸한 돌로 판정 난 우리들도
언제 제주인의 좌대에 앉혀질지
뉘게 도로 집혀갈지 모를 형국이라서

오늘은 나도 곤히 여느 평원석平原石처럼
낯은 얼굴 반반하게 엎드렸는데
물새가 종종걸음 치다 간 오후
물소리는 눈가를 적셔 귀로 멀어져가고

셀 수 없이 나를 흔드는 갈대숲으로
마음을 불 질러놓은 지엄한 노을빛이
속으로만 자꾸 번져 명치끝 타드는 하늘

막돌 같은 시 한 편 떠올리다 물든
하루가 재로 바뀌는 동안도 눈이 부시다.

탐석探石과 탐언探言 과정

예의 겉모습 삽으로 걷어내고
우지끈 지렛대 괴어 속마음 들어낼 땐
그곳에도 한 폭 산수 담긴 듯했지만

괜스레 메고 떠난 돌의 수고들은
다음날로 정원에 나앉을 때처럼
사노라면 버려야했던 말의 돌무지

아직은 네가 주목 받지 못했다 해서
조금도 지레 슬퍼할 일은 아니다

생각을 실어 나른 이래 말들도
반듯하기만 해서 명언名言이 아니듯

한 때 바깥 나들이로 눈 뜬 돌 마냥
요긴하게 쓰고팠던 노우트북 빼곡
유별난 걸음걸이의 말들을 골랐었지

홀로 걷고 걸었던 낯 선 길 위로
딴은 나그네 행색 헐떡였던 열정의

셀 수 없는 모래 잠 파헤치거나
는개 자욱한 새벽길 운무 재껴가며
스쳐 지난 바람 물가로 내려서면

돋보일 것 같아 선별된 낱말들은
벌레소리 밀봉한 밤이슬에 가라앉고

끝내 나를 받쳐주고 있었던 건
좌대 앉혀 장식된 명석名石이 아니라
고즈넉이 버려졌던 여름 그늘막

팔이 안으로 굽듯 날마다 품어
내가 나를 아프게 하다 벤 상처이지만
문득 그 속에 너 닮은 시 한 수는
오석烏石이던 까아만 무언의 얼굴
견실한 평범 요석要石임을 고집한다.

백고무신 한 짝의 열외列外

인근 강변 바람이 신작로로 발 딛을 즈음
가르마 탄 길엔 고무신 한 짝 마중 나왔다

가지런히 댓돌에서나 놓여야할 자태
그 어떤 날수는 자주 잊어진 채
기억하고 싶지 않은 경유지라 생략되고

내달리는 차량대열에 섞인 번호판처럼
마알갛게 씻긴 얼굴 부스스 뒤척인다

마음 챙겨 서둘렀지만 길눈 어둑한 아침
씻을수록 뽀오얀 입 결국 다물고서 발 빼

김金씨 성 외자만 또렷하게
오똑 솟은 콧날에 새겨 넣었을 뿐
주변과 영 낯설게 그 자릴 지키고 있다

치매의 옛 주인은 단지 강북에서
수원 사는 딸네 집으로 걷고 있던 중

가로수 그늘 찾아 다리 풀 겸 앉았다가
떠나보낸 전동차 잠시 한눈 판 사이
까맣게 신발 한 짝은 기억 잃고 갔을까

그러던 차 하늘 으름장 번개 동반하고
고무신 배 흘러든 한강 하류 백사장 꿈엔

접힌 주소 꺼내든 할아버지 한 분이 다가와
'낼로 울 딸네 집 좀 데려다 주어' 하신다

길손 되어 훌훌 바람 털지 못한 치수
눈어림도 지워져 종잡을 수 없는 이름인
말끔한 코끝에 걸린 백고무신 외길의 열외

사진 한 장 보이시는 두툼한 손아귀서
손주 녀석 재롱만이 유독 화안하다.

Colloney Form의 저녁 무렵

딱히 떠오르는 곳 없을 땐
콜로니 팜을 수채화로 그리자

움켜서 남긴 각진 상처들이기 보다는
둥글게 실밥 아문 경험들을 읽고나서
지나간 허물도 두텁게 여미려거든

때로는 삽으로 지어놓은 흙 이랑의
갖가지 생기들을 만나볼 일이다

누군가 세워놓은 바람개비조차
하늘 수신호 따라 바삐 돌다
일순간 딱 멈추어버린 시점에도

해바라기 둥근 얼굴 나를 쓰다듬듯
어깨 짬에 다가서있는 들녘에서

바람은 늘 보이지 않는 곳에서부터
하루의 태엽을 스스로 감았다 풀고
지상은 어김없는 저녁 어둠을 맞는다

아무도 눈여겨보지 못한 사이
아무 기대든 품고 자라난 풀꽃이랑
자전거로 둠벙 다리 함께 넘는 마음

해 아래 날수 다 바랜 옷 꿰어 입은
여름 허수아비 친구 되어보는 것도
그리움의 입성 아니랄 수 있으랴만

엎드렸던 뚝방 아래 수로 안에서
물 밖으로 화들짝 고개 내민 수달과
때 아닌 눈이라도 마주칠 땐 어디 보라

우묵배미 쌉싸래한 상추 텃밭이든
새소리 간간이 잠긴 노을 속이든
고단한 하루대본 수다스런 일색 아닌
양념처럼 다진 풍경 해거름 밑 걸으며

우리는 무얼 더 소통하지 않고서도
이미 모든 걸 다 나눈 듯 든든할 거다.

진도견 첫 마음 사슬

바다가 둘러선 곳에 태를 묻은
섬 조상 이래 흩어진 숨은 그림

어느 호사가의 이민 틈바귀에 묻어
지굴 반 바퀴 돈 뒤 밴쿠버로 직행했다

첫 마음 사슬 묶은 젊은 주인은
하던 일이 왠지 일마다 꼬여
토론토 떠나던 날 데려가지 못하고
낯선 집에 맡겨두고 걸음을 재촉했다

손 한번 흔들고 간 골목길 어귀
처음 일주일간은 다시 볼 줄만 알고
바람결로 뭉텅 잘려나간 체취
내비게이션 내 코를 의심했지만

사흘째 되는 날 물 한 모금 넘기고
나흘째나 내 주월 빙빙 탐색하던 남자

새 주인임을 자처한 그에게서
끼니 얻고 곧은 허리 수그린 탓에

닷새째는 수치스런 관장 받아야했다

그로 몇 달 후 제법 정 든 나중 주인
돌연 한국 방문에 내가 그만 짐 되었는지
어디론가 며칠 수소문 하더니
슬그머니 S P C A* 란 델 떠넘기고 만다

첫 관계 외 마음 안 둔 내 이름은
삭발 당한 민둥산 비갠 무지개로 걸려
곱절 사랑 유기된 채 그리움으로 타는데

곡기 반입 사절한 요 며칠 사이
영문을 통 알 리 없는 협회나리께선
버들골목 둘 째 주인께 전갈내기 바쁘다

그 주인도 되 보리란 생각 왠지 안 들어
이제 남은 수순 보이는 한 수로는
곧추든 꼬리 뒤태 관장에 내주지 않고
때 묻은 인정마저 콱 깨물어 버린 뒤

마른 대숲 지나 길들지 않은 바람과
고향 바다 만나고 온 땅끝 마을 비를 걸러
때 이르게 내달린 안락사의 지름길
첫 마음 첫 품에 안겨든 게 전부이지만

는개 안개 연분 막연해 눈여겨볼 아침
인근 공원 낯익은 산책길이라 치고
트림하는 흰 강아지 목줄로 앞세운
후속 얘기 엮어갈 더 나아중 주인님아

진도 물결 푸르게 남반도로 넘실대는
순정의 흰털 잦아 눈곱도 떼지 못한

나 닮은 기억은 싹 문질러 버리더라도
사슬 묶은 그 첫 마음 손 넘기지 마셔요.

* S P C A(동물학대 방지협회) (Society for the Prevention of Cruelty to Animals)

살림망에 묻어온 가책

비포장도로엔 낮잠 즐긴 산토끼
달 어룽 본떠 밤참 흙 떡 굽는다

물길도 한시름 키 묻어둔 수위에선
수평으로 일념 입 다물고 싶은 밤
반딧불이 섰다가 종적 감춘 후로

수로 저 편 앉은 정체 모를 사내 둘
새로 불 긋는 노오란 담배 얼굴 윤곽이
현상범처럼 잠깐 노출되다 사라진다

두 칸 반 혹은 세 칸 낚싯대에
번민의 추 납덩이 매달아 던져놓고
물밑 밤그늘로 내민 과한 내 욕구는
풀벌레소리 엉킨 실마릴 풀어간다

손톱 반달 크기의 눈을 내민 찌
불빛 어신魚信이 솟구치는 집중과
손맛에 치중하는 느슨한 밤 비린내

소멸과 탐닉의 밤은 점차 소란하고
흡족한 개가 얻는 동안 날이 뒤집혔다

버드네 국밥집 해장 아침 시간에는
살림망 자배기 속 뜬 눈 고기들이
몰아쉬고 남은 숨 거덜 났을 텐데

생물의 뱃속 가른 날카로운 칼날이었던
그믐 달빛이 고인 핏물 닦은 가책은
빨래통에 대충 우겨넣고 잠을 청한다

낮은 마루턱 기어오른 오후 햇살이
살 발라낸 가시처럼 눈살 찌를 즈음

물수제비 가다 멈춘 파아란 하늘 아래
마당을 가로지른 빨래 묶은 포승줄엔
거꾸로 매달린 자배기의 비늘 몇 점

핏발 선 세상 교신일랑 모두 끊고
은빛 날개 단 물고기들은 죄다
하늘 호수로 떠났는지 흔적이 없다

밑밥의 선심 고소함 교묘히 풀고
목줄 묶은 바늘도 기만 쪽으로 구부려
내 중심 한가운데서 자행된 유린이
건조되지 못한 늪에서 눈 흘길 때

노기 띤 바람 활보하는 세상 호수
그는 이제 어떤 미끼로 나를 잔뜩 노릴까.

제2부

제주 돌담

크고 작은 꿈들이 얼기설기 얽혀있다

모양이 각기 다르면서도 한 데 모여
우리를 에워싸고 있는 저 견고함들
큰 것이 작은 것 누르되 얕잡아 보지 않고
아래서 위를 받쳐주면서도 아무 불평 않는다

때론 이름마저 알 수 없는 해일이 접근하여
모든 걸 송두리째 앗아가기도 했지만
수없는 바람주먹 가슴 드나든 뒤라서
수다스런 비 허물조차 걸러 보낸 뒤였고

안을 들여다보면 수확하고 남은 감자
밭두렁에 모여앉아 새 임자 기다리며
작은 인심 덤으로 보태 반가움을 예고했다

늦바람 유혹 같은 사월 봄비가
유채꽃 마구 일으키는 노랑 주의보에도
사철 안전 파랑 띠로 늘 출렁대는 남쪽 바다

하늘로만 솟아 정수리에 모은 산 지혜들이
분화구 반쯤 입 열어 마을 아래로 일찍이
힘주어 또한 저렇게 굴러 내렸으리라

내가 네게 다가가서 불편했던 게 아니라
네가 내 곁에 있으므로 비로소 우리도
부족함을 메운 견고한 성이 될 수 있었음을

오늘도 섬 여기저기 둘러서 있는 돌담은
쓰러지지 않을 참뜻 하나 깨우치기 위함인지
묵직한 진실로 너그럽게 우리 곁을 지킨다.

말 동무 삼기

—제주 만나서

반딧불이 인도하는 길 반경 내
낚시 간 저수지 인근 젖은 풀밭

어린 말을 말뚝에 묶어두고
주인은 제 집으로 잠들러 갔다

한 움큼 들꽃 집어 환심 사렸더니
고개 내저으며 땅 긁는 품이
불청객 따윈 범접 말란 태세다

이제나 저제 나도 딴청 부리며
어신魚信 없는 떡밥 개다가 보니
저만큼 던져놓은 쑥부쟁이 망초 따위
어느새 콧김 방긋 호기심 갖는 낌새

슬며시 다가 콧등 악수 말 트는 사이
목덜미까지 내주는 게 사뭇 황감하다

이후로 친구 삼아 재롱 떠는 망아지
낮길 지나며 경적 울릴 때도

나임을 알아채고 기뻐 설쳐 나댄다

떼어놓은 젖먹이 마음 쓰인 어미처럼
밤배 불 밝힌 오밤 그를 찾아 나서면
망아지는 어떤 꿈 꾸다 새로 깼는지

혼자 심심치 않더냐고 머리 쓸 땐
괜한 걸 왜 묻느냐고 등 떠미는 그와

아침을 걸어갔던 안개들이 다시
개펄 밀물 홍건한 별 이슬 데리고
밤 이부자리 펴놓는 풀 더미 속에서

벌레소리 한참은 귀 기울이거나
달 오름 민둥산을 오래도록 지켜봤다.

말 동무 찾기

— 제주 떠나고서

바람이 낯설어진 것도 아니고
바다가 싫어진 것은 더욱 아닌데
바다와 바람이 몸 섞어 뒹군 자취
파도 되어 끼얹는 멀미 때문일까

바닷물만큼 간이 밴 눈물의
저수지서 갓 잡아온 소금쟁이
날개 마르자 포르르 돌확 떠나듯

길은 떠날수록 네게서 멀어졌지만
그리움은 아직 내게 시작인 걸

육지서 그렸다 접은 이민 나래
하늘 구름 수평 밖으로 부챗살 폈다

섬을 벗어났어도 영락없는 헛 게거품
다리 하나 반절쯤 선불 삯을 치르고
한나절 시차 건너 한 필匹 나를 묶었지

사랑만큼 큰 그물은 따로 없다 했으나
혀 내둘릴 잡영어는 포획 못 하겠고
작별 않고 떠나왔던 섬망아지 궁금할 때면

늘 오도카니 혼자이던 조랑말처럼
속말 덮기 십상인 우리 곁 막내야

형과 엄마 둘이 사는 제주발 꿈속에선
사진 찍던 어린신부 신발 잃고 운 유채밭
텃새 한 쌍 눌러 사는지 둘러보지 않을래.

가슴 늪을 지니고서

가슴 크기만큼 하늘 담아낸 늪
그런 늪 가꾸어 널 만나고 싶다

바람 잦고 물 맑은 날이면 더욱
벗들로 몇을 더 초대했으면 한다

수신자 이름엔 아무개라고 쓰겠지만
혹 초대장 못 쥔 그대도 와서
발이라도 좀 담궜으면 좋겠네

내친 김에 물장구라도 치게 되면
그 때 내 가슴이 얼마나 뛰는지
아마 짐작 할 수 있을 거다

금강초롱 달개비 물잠자리 등
지구촌 가장자리 틈바귀에 섞여서
겨우내 힘 기른 소중한 벗들아

바쁘다 핑계 대다 채 자라지 못한
우리들 작은 키도 함께 엮은 뒤
하루치씩 모여지면 그게 다 어딜까

내가 아는 어느 오두막 기슭에선
한 오백 명 중 한 사람 가량이
저마다 암팡진 가슴 첫 삽 뜨고
샘물 고이는 늪을 만들고 있다

그들은 소낙비 흠뻑 맞은 어미 소
겨드랑 밑이나 사타구니로 피한
송아지가 무얼 근심하며 내다보는지

겨울 물 둠벙 진흙 속에 숨은
미꾸라지 메기들이 언제쯤 머리 내밀며
얼음 풀린 개여울이 내닫는 들판
바람이 구름 몰고 가는 곳까지 안다

가슴 늪이 메워진 관계에선
바라볼 겨를조차 없는 관심인데도

늪에 눌러 살며 둥지느러미 세우고
가끔 뭍을 빠져나와 사방이 늪인
호기심의 바다로 헤엄치기도 했다.

빈 밭에서 빈 배 보듯

시가지로 좀 기운 곳을 내도內都라고 보면
바깥 들로 외려 풀려난 곳이라 외도外道 마을

키 닿는 돌담길을 한가롭게 걷다가
한 줄기 물총 물을 대뜸 맞았다 누굴까

돌아보니 지난 한 철 여름 고스란히
장바구니로 제각기 실려나간 채마밭들만
옹기종기 돌담 연이어 구부러져
허리 넓죽한 한라산으로 치닫고 있다

어쩐지 돌담 안이 수상한 것 같아
개금발로 성긴 돌축 몇 곳 들여다봤지만
밭고랑 잔돌 무더기가 채비 없이 모여 앉아
드문드문 호기심을 쌓아 놓았을 뿐인데

지나치려는 무관심 엇박자로 부추기며
차갑지도 않은 물줄기가 재차 달려든다

공연 서둔 종달새 공중방뇨는 아닐 성 싶고
냅다 멱살잡이할 양으로 담장 넘었다가

예기치 못한 장면에 그만 겸연쩍어진 채
한 성미 보여주려던 섣부른 마음은 금세
헛기침과 무릎 흙만 툴툴 털다 나온다

공일처럼 보인 빈 밭에선 언제부턴가
성기게 놓여 부러질 듯한 스프링쿨러들이
빳빳한 고개 내밀고 '퀵퀵' 물 뿜어다가
늙어 주름진 밭고랑으로 다림질할 참인데

호기심 많은 낮바람이 살짝 담장 밖으로
내게 그만 퀵스비스를 한 셈이었다

길을 되짚어 나오는 동안 혼자 피식피식
실소를 참다못해 혀까지 끌끌 찬다

문득 장자莊子의 '빈배虛舟'를 생각하면
주인 없는 '빈밭虛田'이 달려들었으므로
나도 전혀 소리 지를 일이 아닌 거다.

한라산 올라보면

옹골진 능선 삐딱하게 휘어잡자
정상이 바라보이는 먼발치엔
다시 처음 시작 같은 윗새오름 길

고비마다 하나 둘 짐 덜어낸 후
막내의 등 도닥여 내려보낸 골짜기는
염려스런 제 엄마 눈매 쏙 빼닮았다

하늘 두레박 내려 물 길어 갔는지
잠시 들여다 볼 수는 있어도
선부른 경사 발 담글 수 없는 호반은

애착의 커다란 비중이 차지했던
옥석을 가리지 못할 분출물로
견고한 성 거느린 안개 보금자리

여태 고산병 모르는 산새들만
깃털 뽀오얀 하루를 부화한 거다

피돌기 선한 앉은뱅이 꽃이
오가는 길손 계수하다 까먹고는

세수하던 샘 턱받아 지키고

한 오백년쯤 버티다 누운
주목朱木이 우는 곳에선
바람이 세월 버금가는 격정으로
더 힘써 보란 듯 바위를 다그친다

골무지개 눈에 선한 등고선 따라
버들비 간지럼 태우는 하산 길 내내
나도 휘파람새마냥 노래하고 싶은데

잠시 벗어놓은 삿갓 닮은 뫼봉 너머
맷돌께나 잠기었을 바탕 바다엔

갈매기 손짓에 이끌리던 배 한 척
어디론가 힘겹게 섬을 다시 끌고 간다.

부록附錄 편 마을로 들면

— 산간 제주 어느 마을에서

앉은 채로 삭히며 골몰한 의분
늦게나마 터뜨려 발밑에다 부리니
분화구엔 사철 물안개 부산하다

산을 내려오는 동안 드문드문
채마밭 일구느라 골라낸
돌멩이들 눈 속에 헤쳐 모였고

비로소 마을이 시작되는 곳에서
눈에 퍼뜩 비친 표식 하나
식별해 보니 '부록'* 이란 이름 빗돌

뭍을 떠나 내려놓은 관심사들
전 · 후편 긴한 얘긴 유배 길에 봉해두고
별똥별 셋 꼬리 물고 가다
그만 떨군 혈육들로 모여 사는 걸까

파도 타듯 그냥 지나쳐도 그만이고
단숨에 마저 읽어도 좋을 페이지선

때로는 눈물 그렁한 바다 후속 편
마지막 배 한 척 무작정 흘려보내지만

집집마다 바지랑대 내려놓고
쓸쓸한 저녁 산간 마을 밤이 오면
바람 같은 후손 하나 못 붙든 탓인지
아무도 홀연 등불을 끄지 않은 채

저마다 편히 앉아 늙은 호박의
장작불 패서 달인 오랜 물엿처럼
달근하게 남은 미생未生 분량이 아직
선잠어린 길손에게 갈피 접혀있다.

* 부록 : 제주 화북동 산간의 마을 이름.
  한자표기는 이와 다르게 1702년엔 '부로夫老' 1864년엔 '부록富祿'의 뜻으로 표기한 듯하다.

매미태풍 전야 섬

—한라산 기슭 마을에서

번갯불이 번쩍 창을 섰다 간 후
하나, 둘, 셋…
스물도 다 세기 전에
우루루 쿵! 천둥이 재차 발길질 한다

빛과 소리는 늘 함께
내 주위를 싸고도는 이유가 뭘까
진고비 다 일러줬는데도 망설이니
쇠 귀 뚫느라 재촉한 모양이다

한동안 더 굵어지는 빗발
커튼을 조금 젖혀보니
번개가 만들어질 때 마다

어둠에 먹힌 검은 정상 아래로
컴퓨터가 낸 '커서'* 같은 윤곽은
주능선으로 번었다 다시 멎은 계곡
허리 부근을 막 돌아갔다

도랑을 넘친 빗물이 급기야
폭탄주 만들어 바다에 합류시키면
바다도 나 몰라라 취한 듯
머금었던 게거품 파도 위로 내뱉지만

물러난 바람 다시금 훗날 바다는
매미 미끄러진 숲처럼 새로 깨난 뒤
여름 빛 얼굴 태우며 태연하게 빛난다.

* coursor : 컴퓨터 마우스가 지나가는 선線.

아침을 기다리는 바다

바다가 시작된 이래 각자의 거점
알들은 부회되길 시작하지만
그들이 얼마나 멀리 떠날지는 모른다

아침을 물 뿜고 간 흰수염 고래도
희망에 부풀려 한낮으로 유영하고

모래알을 파면 깨알 같은 수면들
누가 가르치지 않아도 새끼거북들은
알에서 깨난 직후 곧장 바다로 향한다

바다같은 마음을 담고 싶은 시간들
현재는 쇠털처럼 내 것 될 수 있어도
훗날은 누구 손에 의지할지 모른 채

행선지를 연착케 했던 파도마저
잠잠한 날 택해 백사장에 내려
자근자근 지난 얘기들을 써내려 간다

사람들의 뱃길은 끊어졌다가도
곤두박질하며 어디론가 다시 이어지고

밤의 물때가 서로 잘 맞았다면
아버지가 던져놓은 그물엔 놀처럼
빠알간 게들 거품 물고 담겨있을 거다

바다가 보이는 곳에서는 어느 것도
목적없이 나가 빈 손으로 오지 않지만

허리 띠 구멍처럼 차례로 늘어서서
수평 바다 양팔 간격 조업을 마친
아직 배들과 돌아오지 않은 어부들

지상의 따스한 눈빛만 모아다가
먼 항해길 쓸어주는 긴 등대불과

내게 다시 일어서고픈 이른 시간의
뱃불처럼 희미한 먼동이 기다려진다.

뭍과 바다의 일과 뒤

우리들 낮은 포복하며 마감한 하루
해종일 눈부심이 밭두렁 기어 다니고
저마다 보금자리 들어가 쉬고플 때

'낮과 밤을 조율하는 크고 작았던
빛 중 하나'* 내게 가까이 손 내미는

조오기 민둥산에 둥근 달 오르면 름아
개금발 귀뚜라미 울음 들으러 가자

바다를 일구며 살 수도 있고
밭을 일구러 떠난 것도 나름인데
고기 지느러미 얕은 수면 가르는 곳에
물새 다가와도 경계 푸는 해초들이랑

조석으로 자갈 다듬는 썰물이나
모래톱 타고 넘는 밀물이
비단조개 무늬 넣으며 살을 채울 때

점심밥 한 숟갈로 안면 텄던
낮에 본 작은 새 얼음집 불지펴야할

해 삼킨 산 그림자 골짜기로 등 떠밀면

믿는 도끼 하나 옆구리에 찬 채
나무꾼도 깊은 샘 찾아 마실 물 구한다

날이 어두워지는 바깥 두려움보다
내 안의 빛이 소진될까 두려워
희미한 등불 아래 밤의 우리들도
매일의 삶을 다듬는 말씀 길어 읽었고

다시금 밝아오는 아침 큰 빛 맞으면
자꾸만 나를 쓰다듬는 맑은 바람들

너를 생각하며 바라보는 해안선의
하늘 머리끝에서 바다 발끝까지 닿은
수평선이 씨동무 이웃처럼 늘 가깝다.

* 창세기 1:15, 16 참조함.

겨울 동백

볼 부은 사람 하나 채어갈 듯한 바람
꺾여봐야만 아픔을 아는 건 아니다

숱한 바람들이 소문 없고 일어나
겨울비로 추궁하는 꽃샘 날이어도
각진 모서리 꼬옥 봉해두었다가
한주먹씩 송이 펼칠 때 보니

지레 당돌했던 성숙함이 치른
초경의 혈흔들이 사방에 흩어진다

넓게 다스린 가장자리 마음
안으로 좁혀 그리움 못질 해놓고
슬픔을 아느냐고 스스로 묻던 화두는

하늘로 입 모은 꽃봉우리 여럿의
제 발로 걸어나온 숭고함이
일제히 혼절의 밤을 택한 뒤였다

에둘러 장미라 우겨놓고 보면
어쩌다 눈 한 번 흘겨버렸지

마음 송두리째 토라진 건 아니다

생소한 가지마다 낙점 처리된
만남에서 이별까지 잦은 사유 중

수중에 넣고 싶은 바람들의 꾐도
다가오기 전에 나를 버렸을 뿐
가시 든 아픔으로 경계치 않은 거다

들꽃 산란해 놓은 봄볕 추궁하듯
매달렸던 세상 무게만 흔들고 떠난
겨울 관심 그 밖엔 주연 마다하고
새하얀 돌담 사방 팔 걷은 싸늘함의

사랑을 느낀 한순간 그 자리 뚝
눈 털고 사라진 곳은 오리무중이다.

제주 섬 안부

바다를 베고 누워 살면서도
바다를 못 잊는다면 그도 섬사람

배웅 없는 바다 공항 이륙했다가
주유를 깜박 잊은 갈매기마냥

모든 걸 다 챙긴 줄 알았는데
잊을 뻔한 돌과 풀과 숲과 하늘
도두항 푸른 볕으로 발 벋어둔
한라산록 너른 들판이었다

거센 역경 허물어낸 돌담 받쳐놓고
초가지붕 고사리비 울타리 엮은 뒤
그물 던진 하루로 살아가노라면

우지끈 나를 타 넘는 파도마저
눈 감고 들어봐도 가장 편한 소리

그것들이 속에서 숨 막혀 하며
여태 나 모르게 나를 가두어 놓고서
소리치는 줄 까맣게 몰랐던 거다

사랑의 안부만 덮고 잠들 긴 휴식 뒤
나를 아는 모든 벗과 이웃들로
다음 세상 일으켜 걸음마 시켜도

활주로 없는 수평선 내달리며
싱싱한 바다는 외톨 섬 일러주어서
유채 밭 들어 동백 길로 꺾어지는
마을 인정 옛 돌담 변함없을 듯

오늘도 남녘 처마 바지랑대 웃음 고이고
기쁨만 부화시키는 반가움의 바다 벗들

제3부

첫눈 밟기

첫눈이 내린 시골길 언덕에는
참새가 옹기종기 붙어 있다

연을 올리던 유년에 서서
돌 하나 집어 들면
짹째그르 참새들 흩어지고

굳이 돌을 던지지 않아도
마른 탱자 몇 개가 떨어지는 하늘은
별똥이 뵈듯 싸늘하게 맑았다

첫눈이 내렸으면 하던 날은
자꾸 소설 쓰는 외삼촌을 모시러
낯 선 외지 색시 데려다 놓은
선술집을 기웃거리곤 했는데

돌아오는 길에서 삼촌은 취하신 듯
작년 보름 달집 성토불 태우며
소원을 잘못 빈 탓인지
금년은 비보다 눈이 많을 거라네

첫눈을 맞으면서 걸으면
움 속에서 꺼낸 햇밤같이
생생한 추억들이 토옥 톡
구워져 익은 듯 발밑에서 터지고

공연히 바둑이가 짖는 산마루엔
놀라 달아난 토끼 발자국이
미처 눈 속에 묻히지 못하고
솔바위 밑 굴집까지 나있다

첫눈이 뒤덮인 등하교 길을
달그락거리며 줄곧 내닫던
빈 도시락소리 따라가면

책보자기 단골 맡았던 짝꿍이
맹장염 앓다 떠난 돌무지도 보이고

할아버지 해소 기침소리에
곧은 가르마 탄 할머니가
자주 방문 열어보시곤 하던 시골집이
아슴하게 호롱불 아래 엎드렸다.

흰 눈 지우개

흰 눈이 성큼 다녀가고 나면
허물은 더 이상 우리 것이 아니다

어느 구름에 비 든 것을 알 수 없듯이
내게 어떤 시련이 찾아와서
웃음을 가르칠지 모르는데

딱한 세상 발 헛디뎠으면서도
피멍 하나 들지 않은 분주한 시술

만약 그 눈빛이 아니었다면 우리가
겨울에 마냥 다가갈 수 있었을까

여태 겪었던 흐린 시야 밖으론
선인장 억센 갈증들이 비를 기다렸고
진실 아닌 허상에 둘러싸인 나머지

알게 모르게 가시 돋은 식견 위로
할퀴고 간 상처도 쉽게 아물지 않더라만
흰 눈은 벌써 응급처방 지혈제를 풀어
남모르는 지상의 슬픔들을 자꾸 묻는다

진종일 어리석음의 알들만 품어
젖은 바닥 애벌레로 기던 나로부터

금세 멋진 나비로 탈바꿈하여
꿈으로 나풀거리는 너에 이르기까지
흰 눈은 하늘 생각 타고 요점을 줄쳤다

땅은 언제나 보기 아름다울 것이며
종내 든든한 우리 몫이 될 거라고

누군가 늘 맑고 깨끗한 것만 고집했는지
바람 횡포 뒤엔 흰 눈 지우개 풀어서
어제의 실수들을 남김없이 걸렀다가

오늘도 어김없이 땅으로만 와
뽀드득 우리에게 입 맞추고 간다.

겨울을 앓고 난 사랑니

산을 가까이 두고 내려다보면
비는 수직으로만 퍼붓는 것이 아니라
수평으로 지나가는 것임을 알게 됩니다

누군가를 먼 곳 두고 그리려고 하면
마음은 홀로 긋는 직선이라기보다
서로에게 다가가는 맞줄일 때 비로소
지척에 묶여있음을 깨닫게 됩니다

봄이면 사뭇 높아지는 강 수위의 우려도
겨우내 줄곧 쏟았던 비 탓이라기보다
미동 않던 눈산 밑둥이 다 녹았기 때문이죠

나무와 함께 이웃하고 섰을 때는
하늘 키 높이만 바라볼 게 아니라
바닥 주변 부위까지 다둑여야 했던가요

사는 동안 내게 정말 요긴했던 말은
실수에서 걸러낸 단 몇 마디로 족해서
잠에서 일어나보면 쉬운 것들뿐인데

스물일곱 해 지킨 자리 내준 나무처럼
함부로 나가 젖혀진 다음에야 우리
깍지 껴 버틸 수 있음을 때 쓴 흔적들

제 정신 마악 송두리째 잃은 뒤
뽑혀나간 사랑니한테 투정해 봅니다.

눈꺼풀에 잠긴 산 속

얕은 수면 살얼음 사방에 갇힌 채
겁먹은 물고기들이 강바닥 눌러 살듯
얼음 깁스한 눈 위를 걸어본 사람은 안다

산이 물길 내어 바다로 흘려보낸 뒤
산의 사방이 다 물이었을 적엔
구름도 산도 함께 발 담그었지만

바다는 이제 산과 너무 먼 거리여서
냇물로 떠난 강이 산이 보고 싶을 땐
바다를 저어온 바람과 구름을 타고
눈 되어 산을 거슬러 얼싸 안아 버린 것을

그래도 산은 눈꺼풀 속에서 잠들지 않고
메아리 영감님의 귀에 익은 얘기들로
또 다른 물길 열어 소통하던 이따금씩

눈꺼풀 속에선 우리들이 몰랐던 분별 역시
더 이상 염려로 고립시키지 않아서
지름길 걸러내는 산을 조금씩 닮아간다

기다릴 건 기다리고 떠난 건 잊고 싶은데
산맥의 테두리에서 얼음 풀기 시작하던
잘못 디딘 발자국에 가위 눌린 밤들도

어쩌다 한 소쿠리씩 가지 눈 털어내며
아직은 늦지 않으니 다시 시작하란 느낌들
산의 눈꺼풀은 더 오랜 기억에 남기 위해
등고선 위쪽으로 애써 물러나 앉고

초죽음에 엎드린 근시안의 나무들도
겨우내 앞가림 하느라 몸 추스린 뒤
남은 입김 고드름 깨문 바람 실어보낸다

길을 물으면 언제나 수긍하던 고개의
이정표처럼 섰던 소나무 한 그루
그도 그간 무슨 시련을 겪었는지
몸통의 행방은 알려주지 않은 채

육십년 장고 끝의 안면 그루터기로만
쉬어가라 권한 자리를 조금 쓸어주었다.

눈 울타리 봄 기척

산수유꽃이 때 아니게 입을 뗀 건
지난 가을 너무 많은 꿀을
주인에게 도둑맞았던 벌들이

겨우내 잉잉 벌통 속에서
부채질 농성으로 재촉한 탓일 거다

눈 속에 잠긴 산울림을 깨우듯
산수유꽃잎 싣고 간 개울물이
산등성 타고 내려가 가재 만나고

겨우내 기브스한 얼음 계곡물
속으로만 타고 흐르던 온기 속에
가재는 금모래 물어다 제방 쌓아
은모래 겨울밤을 한 뼘씩 내몰고 있다

빗물 발라낸 맑은 날 따라
관심이 미치지 않는 곳에서는

마음 경계태세 풀고 앉아
옥수수 눈 밭 기슭 언 발 녹이던

주린 참새들도 인적에 놀라 달아났고

신뢰처럼 두터운 털을 단 짐승들은
네 발자국 지녀야 마음 놓였다

도토리묵처럼 굳어가는 어둠
눈 맞아 휘어진 등걸 밤새 얘기하던
장작불 열정마저 풀썩 주저앉은 후

새벽 별이 하산하는 이른 새벽
삽살개 한 마리 동무 삼아 나설 땐

나무들도 나긋 기지개 펴는지
모롱이 하나씩 접힌 허리 펼 적마다
눈 터는 소리 훌쩍 키가 부쩍 늘었다.

눈길 동행

마음 짓눌릴 때마다
울음이 쏟아지는 것이 아니듯
구름이 낮게 드리웠다 해서
다 눈 되는 것은 아니다

마음 가난했어도 바닷길 말미
스스로 눈 뜬 해당화 말고도

하얗게 돋을새김한 지붕과
별들이 한꺼번에 쏠린 창밖으로
한 움큼씩 옹이 지게 남는 발자국

눈은 먼저 된 걸 모두 지우고
나중 것을 따로 그려보라 한다

골동품 만년필과 커피 한 잔 후
메모지 한 겹에 든 안부처럼
눈길은 홀로 남은 듯이 보여도
때론 혼자 걷는 것만은 아니다

기억해도 잘 떠오르지 않도록
생각 초입부터 막고 섰다가
잦은 뒷간 뜰은 겨우 터놓았지만

뒹굴어도 눈 아닌 곳 없는 둔덕
눈길은 초행자가 아니어도
손 내밀어야할 때가 있다

함께 걸어야할 이유가 안 보여도
소스라치게 놀랄 친구가 옆에 있다.

겨울 배편

— 바다가 보이는 뭍에서

더는 거스를 수 없는 물길 끝
여름내 안간힘 썼던 배의 밑바닥이
할퀴거나 패인 채 기진하여 엎드렸다

더러 긁고간 상처들도 바다가 아니라
애써 뭍에 오르려고 했기 때문인데

바다를 바라보며 떠난 초행길인
하류가 어딘지 모르게 발 묶인 배편의
한 번쯤 하얀 백사장 하늘 보며
배 뒤집고 쉬어가고픈 겨울 여정들

바람 실은 싸락눈 흩어 부서지고
더듬고는 있었지만 뜬눈 장님의
스스로 길 마련할 수 없는 외지에서

꼭 한사람 더 건너주길 기다렸던 강둑과
손 흔들고픈 버들끼리 서로 팔짱꼈다

지난 것들은 그것대로 늪에 누웠고
깊은 바다 일 조차 알려줄 거라 믿었으나
인접한 전신주끼리만 짐작될 안개 숲에서

뭍에서 비롯된 처음 작은 열정들이
연거푸 불통되어 쓰러졌던 고사목과 다시
파도로 길게 일어서는 해안선 먼 곳엔

발자국 따라 걷다 놓쳐버린 바다의 얼굴
모래톱 지근거리에 남긴 조개의 빈속처럼
아무도 데려다 주지 못 하고 뭍에 오른
나의 긴 그림자 없어 방죽 서성일 땐

찻집이라기보다는 주막에 더 가까운
텃새이거나 철새로 둥지 튼 강마을에서

첫 만남의 물과 설렘도 수그러든 채
소금처럼 흰 물새 떼 강 위로 날고
바람벽 스친 낙서만 고스란히 남는다.

겨울을 좋아하는 뚜뚜

백지로만 지불 보증된 눈의 축복
큰곰자리 별들과 하늘 교신하던

내 삶의 시작이 봄 아닌 겨울이어서
동짓달 스무 여세 날 어느 산골에서
바깥 공기 통째 들여 마신 후라서

눈 위로 내달린 발자국 이면裏面엔
폐부 깊숙 하얀 그리움의 지느러미가
상기된 두 볼 붉게 물들였으리라

그 날의 애창곡 뽑는 뭇 산새들과
촉이 틀 날짜 배치한 물오른 버들가지로
소먹이며 피리 불던 개구쟁이 얼굴들

무지개 하늘 무등 타겠다고 떼 써대며
달음박질 썰매 길은 눈으로 인해 즐겁고
낯설지 않은 사슴 나와서 발 씻는
온천샘도 언제나 호젓한 숲에 숨었다

겨울을 좋아하는 뚜뚜 라고만
이름조차 일러주지 않은 채
날아가 버린 새 발자국 쫓던 날들

숯 검댕이 눈썹 짙게 붙이고
솔가지 고드름 수염 우습게 달고서
눈사람 이게 내 모습이라 고집했어도

짧은 팔 안테나 두 귀 기울여주던
벙어리장갑 낀 소녀는 어딜 갔을까

나이테 음반 위엔 바늘 끝이 다녀가고
예순 번 미운 머리카락 실어내던 바람도
일손 놓고 잠적해 버린 해 그림자 밑

눈송이로 꾸민 얼음집 어깨 묻으며
낡은 나무 등걸에 숨은 딱따구리새처럼

네게만 크게 들려주려고 쪼아서 파낸
조그만 가슴 터널 하나 봄으로 뚫어 놓는다.

산 정상이 토한 기염氣焰

— Garibaldi나 Joffere Lake같은

산정에서 고개 내민 작고 여린 들꽃
여름 한철 택해 군락 이루었다가

하늘이 내린 계절 다 쓰지 않고
시들지 않은 얼굴 세 번이나 남은 철
눈 속에 묻어 도로 반납한다

길들지 않은 사철 얼음골 지붕
빙하가 녹으면서 검게 깎인 돌사태는
지난날의 부스러기들에 둘러 쌓인 뒤
나름대로 괴석 마을 이루었고

설원을 위엄있게 씻어내린 폭포는
더 낮은 곳으로 대지를 적신다

뒤 늦게 앓은 마음 옮은 부위엔
뜨거운 분출물 되어 터뜨린 고백의
쓸모없는 말들 계곡 따라 씻긴 뒤
아문 상처 함지박 물 다시 받았을 땐

호수는 제 분수만큼 하늘 품고나서
남은 여백에다 산을 더 그린다

삶의 가장 견고한 부분을 산맥으로 엮어
장구한 시간 흰 눈으로 여과시키고는
하고픈 말만 남기고 떠나는 구름들

들꽃보다 작게 웅크린 침낭 속에선
심마니처럼 떠돌다 잠든 산꾼마저
호수만한 비범한 꿈 꾸고나서야

아무 것도 더 바랄 게 없는 마음
작은 여울로 풀려 온 길 되돌아간다.

키 큰 시더나무 찾기

크고 오랜 나무가 수소문 끝에도
쉽게 우리 눈에 띄지 않는 건

숲 속이 모두 큰 나무들로 채워진 게 아니라
작은 나무들에 에워싸인 채
홀로만 컸기 때문이리라

우리가 누굴 안다는 것 역시
그와 함께했던 동안 얻어낸 작은 평판이거나
혹 그를 따라다닌 체온의 일부일 뿐

정말 우리가 알 수 있었던 건 겨우
내가 포용할 수 있었던 범위
이상도 이하도 아니었다

키 큰 시더나무를 찾기 위해 나선 우리 일행은
해종일 그를 발견하지 못하고 저마다 그만
하산하려는 기색이 역력했던 적이 있었다

그러다가 불현 듯 풀썩 주저앉을 뻔한 사실
우리가 딛고섰던 언덕이 바로

그 큰 나무의 그루터기란 걸 안 순간부터
비로소 모두가 더 큰 눈을 뜰 수 있게 되었다

원주민 이래 입에서 입으로만 일러와
홀로 장엄히 선 키 큰 시더나무 한그루
입구 지척에서조차 표식을 두지 않은 채
나무는 다만 그를 알고 찾은 방문객들만 만난다

어쩌면 이 땅을 뒤흔들고도 남을 진리 하나가
이미 우리가 모든 걸 알아버렸다거나
혹은 자만하고 서툰 내 일상에 가려
얼마나 오랫동안 묻혀있었던 걸까

그것이 신앙이든 사랑이든 인격이었든
우리의 작은 숲이 항상 앞섰기 때문에
다른 큰 비범한 것들을 덮어온 결과이리라

그래서 오늘 키 큰 시더나무의 기품 아래서
나도 작은 이치 하나를 깨닫고 돌아간다

그 덮은 것이 때론 당신의
재능이든 편견이든 혹은 열정이었든 간에

지금껏 우리를 덮고 가려온 것은
정작 크고 우람한 숲들이 아니라
나처럼 초라하게 서 있었던 작은 나무이었음을.

그라우스 마운틴의 안개 닭

아침 이슬 건너다니는 풀 섶 헤치고
산이 좋은 안개는 계곡에다 알을 품는다

품은 알들은 금세 새들로 부화되었지만
그 중 나아중 알만 남아 날아가지 못하고
산닭 되어 메아리와 눌러 살게 되었다

타운 전체가 어둠 머금어 머리 숙이고
별안간 의문 하나 소통할 길 필요해
한 번쯤 자네와 발 들여 놓고 싶은 경계境界
케이블카를 타면 단숨에 닿는 중턱인데도

등고선 어느 고도 이르면 구름장 뚫고
눈부시게 홰치는 닭의 볏살을 꿈꾸었을래나

떠나온 도시 대신 여유로운 시간이었지만
이슬 꿈 털고 가볍게 날 리는 없었겠고
안개 속 어딘가 숨은 산닭도 못 보았겠네

한 두 걸음 더 나아가 묵상하던 바위
이끼 깔고 앉은 뒤 납작해진 마음일 테지만

차제에 지치지 않았다면 댐 마운틴이나
고트마운틴까지 다녀오는 건 어떨까

더 솟구칠 힘 있거든 함께할 구름 벗과
카멜 마운틴 정상을 성큼 탐해 보시겠나
라이온스마운틴 두 귀때기 봉우리야
이 쪽 관할 아니어서 모르긴 하지만

카멜의 마지막 바위 턱에 걸터앉아
바람에 굴러 떨어뜨리지 않은 도시락
김밥 속 단무지라도 용케 움켜 드셨다면

불원간 당신은 북쪽 하늘 구름과 섰던
젊은 날의 청산이었음을 자부하리라

날려버린 바람 속 산닭 휘파람 소리는
먼 후일 그대 한숨마저 말끔히 걸러
지상의 새노래로만 도로 듣게 될 것이다.

* Grouse Mountion : 닭목目 들꿩과科에 해당하는 수렵 조류란 어원에서 비롯됨.

* Dam, Goat, Carmel, Lions Mountion 등은 그라우스 마운틴 주변에 인접해 있는 산 이름들. 전자의 두 봉우리에 비해 후자의 두 봉우리는 멀리서도 우람한 위용을 자랑한다.

대청봉 무청 사내들

사내 하나가 눈 속에서 불쑥 솟으면
나는 눈만 빼곰 내놓고 묻는다

'대체 어디서 오는 길이오'
'끝청이오…' 짧게 맺은 말을 삼키면
눈보라는 기다렸다는 듯이 길을 묻고
산은 다시금 긴 침묵 속에 빠져든다

어디서 인기척이 들리는 듯하다가
또 어디론지 사라지는 것 같고
금세 보였던 길도 홀연 자취를 감춘다

느릿 느릿 소걸음한 소청
그곳을 선점한 바람은 더욱 세차다

눈을 흠뻑 뒤집어 쓴 채 이번에는
백담사 쪽에서 사내 하나 고개 내민다
무럭무럭 김나는 콧수염 고드름 매달고
갈 길이 바쁜지 묵언으로 사라진다

정상께 선 군사시설 경고판은 더 이상
눈에 묻혀 주의사항을 일러주지 않으며

산장지기 인증샷 후 돌아나온 하산 길
달빛은 실로 무연憮然하고 고즈너기 차다

미끄럼 길 골짜기 잘못 굴러들면
내년 봄께나 도로 꺼내줄 성 싶지만
아이젠도 없는 사내들이 따라붙어
쉬지말고 오색五色까지 가길 재촉한다

설악은 대청봉을 움 속에 묻어두고
겨울 무무우청 같은 사내들만 골라
불현듯 쑥쑥 뽑아 일으키곤 하는데

겨우내 새우잠조차 허용 않는 그들은
눈 밖으로만 자꾸 파랗게 돋고 싶어 한다.

제4부

돌려막는 눈물 한 컷

국경을 넘나드는 산맥 위로
우주궤도 선점한 별이 반짝인다

땀으로 녹지 않은 소금 중
바람이 거두어 간 짠 이별 모두는
바다 한 가운데로 몰아들였기에
바다가 연일 민물만 들이켜야 하듯

겉은 아니고 속으로만 안겼던
바다를 갓 만난 강물처럼 우리도
신뢰란 깊은 수심과 맞닿고 싶어
바다로 침투해 드는 루트들과 접선한다

눈으로 인해 경계 잃은 땅 이름
풀기 없는 말뚝 다 쓰러뜨린 지점의

산능선 주름 따라 매복했다 흩어진
고사리손 마디 꺾은 얼음 냇물이
물살 가른 난민 보트 한 척에 다가서면

가난의 배후마저 악의 소행으로 밝혀진
세상 어디에도 들지 않은 발자국
처음도 나중 모자람 벌충해서 묻고
국적 없는 텐트촌 옷가지들이 나부낀다

겨우내 애기똥풀처럼 자리 비튼 늪가
은하 꼬리 자른 행성 마을 어디쯤

손바닥 실금 체온 나눈 친구의
한 움큼 밥알 움켜쥔 주먹이 보였다가
가망 없는 일감 딴지 거는 비바람 맞서
별안간 굴러버린 발 없는 내 눈사람들

슬픈 눈사람이 내 속으로 스며 녹고
내 속에 든 눈사람이 또 슬피 녹아내릴 때
사랑은 어떤 기별의 만남을 엿듣게 될지

지구촌 일대 한 바퀴 함부로 녹지 않을
마지막 눈물 한 컷은 돌려막는 꽃이 된다.

강낭꽃과 우리들

어둠에서 깨어난 강낭꽃 새 순이
함께 웃자며 한 뼘씩 아침 건너올 때도
너는 하루를 바람처럼 구겨 버렸지

한 둘 강낭꽃잎 떠나보내고
서넛 넓은 잎들도 자취 감춘 다음이
내 차례란 걸 어째 알기나 했겠어

네가 이미 소유하고 있었거나
정말 가질 기회가 주어졌을 때도 그게
실로 큰 기쁨이 되는지 몰랐다 해서
새삼 지난 일을 탓하자는 건 아니다

식구들로 감싼 알곡 강낭콩의 예비
서로를 깊이 지금 간직하게 되면
아직 잃거나 떠나보낸 것이 아니라
단지 잊고 산 걸로 치부되는 거니까

강낭콩처럼 여며둔 그 마음속에
움 튼 예쁜 싹들이 자라나면

몸통마다 네 생각도 여물어지면
그러면 그게 다시 꽃이 될 수 있으니까

우린 짐작으로만 모든 걸 안다며
누군가 쏟은 정성 기억 못 한 적 있지
또 나눌 줄은 더욱 몰랐던 거지

오래 전 누가 가르쳐 주지 않았거나
스스로 눈 뜨지 못한 소식 때문에
떠난 후에 내게 남은 어리석음들

어제처럼 부실한 마른 껍질 내고
강낭콩의 든든한 씨종자 매달지 않아
우리들 겨울 천정은 늘 쓸쓸하고
자신조차 웅시 못한 법이었기로서니.

별과 숲의 눈물샘

나무는 가을에 떠나보낸 잎들이 서운해
겨우내 눈물 글썽이다 눈꽃을 피운다
눈꽃은 꽃이 아니라 고드름 나무 눈물이다

별들은 지상 아픔 내려다보다 눈물이 괸다
별이 눈 깜빡일 때마다 눈물이 비쳐
우리들은 별의 눈부심에 위로를 받는다

때론 길게 훔쳐내는 별 하나의 눈물이
별똥별 되어 마을로 내려설 때면

우리들은 별의 마음 짐작이나 한 것처럼
발을 구르면서 경탄을 자아내지만
그 눈물이 원래 자기 것인지는 모른다

그래서 자꾸만 하늘 오르고 싶어하는
사람들의 마음은 어리석기만하다

진정으로 처음 불리는 슬픔이란 것도
이 땅에서 비롯된 시작일 뿐인 것을

나무처럼 겨울 마중물 길어 해마다 다시
새잎 열고 단장하면 새들 노래 듣게 될 걸

오늘도 별들은 하늘 숲 이루어내고
우리들 눈물을 받아 반짝이며 말해준다.

비가 오는 날은

비가 오는 날은 일상의 달력 위에다
빽빽한 일정 금 그어 나무란 후

빗소리에 흥건히 고인 물들과 물의
기쁘거나 슬픈 발자국 따라
둥글게 몸 섞은 연못 하나 찾고 싶어진다

그 곳은 바람에 쉬이 버티지 못하여
고개 부러진 갈대 수초 사이로
미상불 맑은 날을 유영하던
물고기의 지느러미도 곰곰이 박혀있고

바람마저 동반하지 않은 비가
안개 속에서 조곤조곤
나를 밟도록 내버려두면

물수제비 뜬 조약돌이
종종걸음 치다 그친 곳에
징금 다리마저 텀벙 목이 잠겼다

하늘이 간간 울음 섞어 내리는 동안
굵어진 빗방울은 더욱 땅을 헤집고

구름도 비치지 않는 흐린 수면 위로
쥐어주던 우산 마악 팽개친 심술처럼
눅눅한 후회들을 길들여 보내는데

빙그르르 눈앞에 다가왔다 사라지는
물망초 꽃 우산 아래 하교 길 마중 나왔던
여별 우산 품은 마마자국 오후반 짝지와

토란잎 굴러 내리던 머리 맞댄 비밀이
퐁 퐁 작은 염려들을 건어갈 무렵

번개 한 번 번쩍 눈 뜨게 한 세상
천둥소리 고개 젓는 아버지 곁 소년은
종이배 따라나선 엉겁결의 들녘

떠내려간 고무신의 눈물 섰던 강을 따라
갠 하늘 호수에 물구나무섰던 얼굴들

들이친 비바람 우산 뒤집어 놓듯
감쪽같은 세월 바람개비 앞세워 가고
주먹나팔 부는 동무와 팔 저으며 뒤따른다.

흐린 날의 바닷가 안부

하늘이 낸 비가 투명하지 않았다면
비를 낸 하늘이 푸르지 않았다면

네 홀로 탄 배 훌쩍 떠나보낸 뒤
전신을 내맡기며 해종일 나를 삼켰던
우리들 뜬 눈 밤이 맑기만 했을까

하나뿐인 우산 내게 쥐어주며
빗속을 뛰어들던 치기어린 지난날은
높다란 하늘 궁궐 푸름을 타고
지상 들판 하나 둘 흰구름 실어 보낸다

끝내 우리 모두가 침몰했던 바다엔
잔잔하던 뱃길 무고함이 추궁 당하듯
굽은 등 감추고 내달린 배후였지만

언제 스몄는지 빗물은 알게 모르게
깎아놓은 이마 단호했던 입술을 걸고
바다 발꿈치에 닿은 흐느낌을 말해줄 거다

그냥 둬도 소문은 제풀에 꺾이거나
무거운 고개 들면 어제의 안개 숲처럼
지금도 내 곁에서 수런거리는 비

또 다른 여벌 삶을 깨우는 맑은 죽비로
아침을 해바라기처럼 털고 일으키려는
세상의 모든 어깰 가볍게 두드리고

불원간 좋은 소식 바람결 처방 하나로
살굿빛 볼우물에다 웃음을 달여낸다

그러게 흐린 날 동안 우린 배워 나가지
빗물이 소리 높여 비결 가르치지 않아도
냇물로 화음 갖추고 바다에 이른 법열처럼

비가 와도 슬픔에만 젖어있지 말란 법을
맑은 날 푸름에 기대어 살아가란 법을.

임진강 평화 소처럼

강을 거슬러 오르면 철조망 오선지五線紙
깡통들이 매달려 경고음을 들려준다

피난민도 함부로 범접 못한 영역
사랑보다 극심한 증오가 범람하여
국경을 자초하는 강이 흐른 거다

나루를 건너 숲에 차츰 이르면
모든 과거가 숨죽인 채 씻겨 내리고
새들이 부리 박고 건져 올리는 건

역사도 기록물도 별게 아니라는 듯
누군가의 쇄골 스쳐 지난 파편이었다

물난리를 피해 헤엄쳐 오다
지뢰까지 밟은 북의 황소 한마리가
홀로 표류한 섬에서 연명해 살아난 뒤

'평화의 소'* 가 되어 역류한 경사가
상류를 거쳐 녹아 흐른 탓일까

그래도 내 땅에서 용케 몸 풀고
살아남은 새끼 그 새끼의 새끼들이
상처를 치유하며 하나 된 흐름의 고요

강은 오늘도 주린 들판 가로 막았을 뿐
가슴 적시는 소통은 막지 못하고 있다.

* 북의 황소 이름은 '평화의 소'라 불리어졌고 씨소種牛가 되어 이후 혈통을 다수 이어갔다.

히말라야 등정 이후엔

히말라야의 눈은 눈의 어원을 너머
맑은 얼굴 눈물로만 함께 어울리고 싶어
산맥의 어깨를 짚고 자꾸 눌러 쌓인다

눈이 아니면 오를 수 없었던 벼랑에
눈 길 낭떠러지 마다 계곡다리 놓았지만
건넌 이들마저 다 돌아온 건 아니어서
한순간 피말라야로 접힐 남루한 비옷들

하늘 독수리도 자신의 힘 만으로만
넉넉한 땅의 둘레를 재어보는 게 아니듯

고래등 같은 산의 웅담 떠메고
새우등 구부려 비박의 잠을 청하면서
앞 다투어 개척한 눈길 루트를 열면

상머슴의 고봉으로 담은 밥그릇 같이
솟은 능선 위로 꾸욱꾹 눌러서 다진
명료한 땀의 길들이 하늘과 평행 긋는다

자신의 배설물조차 삼키며 숨어
얼음 속에 생존하는 작은 짐승처럼

더 나아갈 곳 없는 지점에 깃발 꽂고
알지 못한 신의 허락으로 발 들였다 해서
어디다 감사해야할 지 모를 숙연함이
두 팔 벌여 '야~호'라고 외친 산울림 뒤엔

칠천 번 이상 성서 속 '위엄의 옷 입'*은
'여호와' 혹 '야훼' 라고 믿기진 않지만
사랑은 눈처럼 발끝 들고 온땅 내려앉고
기록이란 바꿔치도록 낳은 황금알 같아서

오늘도 하나 둘 상대 능가할 패기들이
피조물의 흰 머리카락 히말라야 눈밭에 모여
빙벽에 못을 박고 어딘가 모를 경도 친다.

* 시편 104: 1, 2 참조

승부수 한 점

신의 경지 한 수만을 도모하겠다고
낯모르는 이들과 낯 선 시간 모여앉아

수담手談으로 이어지는 반상盤上엔
요모조모 아이디ID와 깊고 얕은 대화들
시차를 못 벗어난 긴 졸음들은 항상
눈꺼풀 고드름처럼 매달고 산다

살 수 있는 분명한 외길 수순도
덤 하나 더 챙겨보려는 허욕에 그만
순식간에 뿌리째 거덜나기도 했지

복기를 해볼 테야 내 지난날들
어디쯤서 좋은 결과 얻을 수 있었을까

십 년쯤 덜어내니 꽤 나은 실리
몇 년을 더 거슬러 올라가봤더니
이민생활 송두리째 날아가기도 하네

정말 두지 말아야 했을까 이민 수순은
꿈 속 같은 고향 길 오도카니 앉아

죽어간 밤들의 뭇 손실 털어낼 때

이국 하늘 벽시계는 새벽별 가리키고
홍건이 땀 밴 풀섶 함초롱 어린 이슬들

젖은 짚단처럼 컴퓨터에 눌러 앉아
불어터진 라면발 뇌수腦首로 꾸려진 계가
아집의 공배 하나 둘 메워가노라면

동일한 실수는 하지 말자던 다짐처럼
내게 늘 따라다닌 소금 같은 훈수
사랑만이 지고도 이긴 안식을 주었네.

빛들의 숨은 기척

책상 위에 두고 자주 밤 새웠던
화분을 오늘 보니 왠지 시들하다

화분을 베란다에 다시 내놓고 나서
꽃들이 며칠 새 제법 생기 찾았을 때

꽃은 나비처럼 낮잠 잘 줄 모르고
백열등 아래선 잠이 부족했다는 걸
뒤늦게 알게 된 것에 차암 미안하다

달이 스스로 빛 발하는 행성이 아니듯
우리도 빛의 근원을 해바라기하다가
자만의 나란 거울로 실적 뽐낸 후에
비로소 작은 근심 내려놓았을 뿐인데

지금껏 가식으로 넘쳐났을 밤빛들
꽃의 밤그림자는 모두 허상이었고
살아있는 땀으로만 셈하고 돌려받는
해 아래의 품삯들만 진실한 소득이다

시시각각 퍼붓는 낮빛 눈부심 아래
시간을 갉아먹고 사는 베짱이들도
밤이 되면 제 그림자 팔베개로 누워
은근한 달빛 하루치 노래 부르거나

가중의 등불 거두고 어둠으로 마감한
우리들 지상 질서 위에 등을 기댄다.

하늘 치유와 투병 사이

하늘이 늘 파아란 마음 지니고 싶어도
구름이 하늘 얼굴 찌푸리게 하듯

누군가 깨끗한 양심의 베개만 베고
포근히 양털로 짠 꿈에 들고 싶었는데도
몹쓸 병마 찾아와 괴롭힘을 당하네

하지만 하늘 바람이 구름 내몰았을 땐
끝내 균을 잔뜩 먹구름에 담아가듯

백 · 적혈구들이 몸 속 균과 싸운 전투서
숱한 전과 후에 쓰러진 고름 가래톳
우리도 젖은 구름처럼 내보내야 했네

한때 위엄 있는 천둥이 먹구름 속에서
과거들의 잘못을 호령한 것 같아도
웬만한 비바람에 우린 위축될 게 없다

한동안 비가 모든 걸 젖게 했던 지상
번개 친 대기에선 영양이 공급되고
땅에 스민 빗물로 식물들이 곧게 자라듯

저마다 고비 수반한 아픔들의 비탄 속
마음 한 편 쉽사리 얼룩지기도 했지만

구름 거둔 하늘표정이 금세 바뀐 것처럼
순종에 기댄 기도가 하늘로 닿은 이후
우리들도 마침내 파아란 이불을 덮는다

설령 아끼던 사람 흙으로 보낸 다음도
한결같은 새 삶 가능한 믿음의 결실
예비한 상급 싹이 고루 지급된 지상엔
훗날 다시 재창조로 돌려받은 웃음이 괸다.

* 형님이 췌장암으로 많이 아파하셨다. 맑은 날 한강 고수부지에 함께 나가 앉아 불원간 이런 미래를 꿈아 본 적이 있었다.

봉분 곁에 기댄 마음

— 남천南天 마을 백합공원에서

셀 수 없는 빛 거느린 은하 속에서
외로운 별 먼저 눈이 붉어
숱한 봉분 이룬 공원묘지들

몇 해 간격 두고 나란히 누우신
부모님께 홀로 문안드린다

산기슭 건너선 기적 울리고 싶다며
경부선 상 · 하행의 사촌형이 몰던 열차
스치는 지금 바람이 예전 같아도

흔들리지 않은 말씀 귀 기울이려고
눈에 들인 두 손주 얼러주신 사랑 외
일의 귀천 접고 캐나다로 떠난 후인데

그간 무얼 하며 지냈느냐고
어머님이 내 손 쥐어보는 사이
아버님은 또 어딜 다녀보았느냐고
헤진 신발부터 어서 벗어보라신다

동틀 무렵 페퍼새가 지저귀대는
최초로 독립 구한 라이베리아처럼
두 손 두드리며 발 구른 소식만큼씩
아프리카 오지까지 확장된 새 지평들

나두야 홀가분한 웃음꽃 받아들어
목화밭 솜옷 짓고 수숫대 안경 쓰면
금잔디 뗏장 사이 하얀 삘기 닮은
송구스런 새치머리도 검게 물들 건데

어쩌랴 저녁 놀 골짝 비탈 둑을 터
산그늘로 비스듬히 소매 흠뻑 적신 뒤
버선목 발치 누워 세상 하나 눌러둔 봉분

깨어날 후일 자취도 일러주셨다면야
현주소지 어둠쯤 두려울 일 아니지요.

떡밥 도둑

도시를 탈출한 지방 저수지 토란잎엔
물뱀 한 마리 한 낮 햇볕 쪼이며
똬리 튼 채 맞대고 영역 주장하더니

오후 들어 바람이 물결 더불어 들까불고
저녁껜 숫제 찌까지 몰고 다닌다

아침에 낚시도구를 챙기자 눈치 채고
슬그머니 따라나선 아이들과 성과 없이
무료하게 새 떡밥만 만들고 있을 무렵

어디선가 한 무리 아이들이 곁을 지나며
무심코 뱉은 말의 문장 하나를 맞추어보니
'나 이제 우리 엄마한테 갈래…' 였고
스쳐가는 터울이 전부 막내 또래들이다

잠시 석연찮은 공기가 싸아 코끝에 걸려
막내를 슬쩍 훔쳐봤는데 아니나 다를까
예사롭잖은 얼굴엔 제법 수심이 가득하다

'너도 엄마 보고 싶어서 그러지'
짓궂은 운을 떼자 기다렸다는 듯이
대뜸 '그래…' 하고 대번 반말 투다
'그럼 이 개어놓은 떡밥만 다 쓰고 가마'

미적대며 공 들인 월척의 기대와는 달리
붕어나리와 교신은 여전히 닿지 않고
어째 떡밥만 자꾸 줄어드는 느낌이다

'너 떡밥 어디다 감추는 건 아니지?'
한동안 말이 없던 막내가 갑자기
그 때까지 쥐고있던 한 움큼 떡밥을 홱
물 위로 내던지며 울상을 짓는다

아까부터 뭘 조금씩 물속에 내다 버리더니
그게 다 붕어 잡수실 식사였던가 보다

'비가 오려나 자꾸 바람도 불고…'
떨어져 앉았던 큰애가 공연한 하늘 탓하며
주섬주섬 낚싯대 거두는 중이었고
이쯤이면 나도 그만 일어나야할 것 같다

여차하다간 비 올 기미보다 더 다급한
이산가족 울음보 치르는 걸 대비해서다

아무래도 막내는 함께 잡은 붕어찜보다
엄마가 사온 '고래 밥'*이 더 그리운가 보다
덩달아 나도 '여보시오, 나요…'
하던 그 목소리 문득 듣고 싶어진다.

* 고래밥 : 과자 이름.

제5부

기다림의 변수

— 무신론자

예언들로 포장된 기다림의 약속 따윈
애초 터무니없는 허구에 불과하다

인류의 발전을 저해하고 가로막았던
죄의식에서 강요된 건널목 따위는
자율로 가는 장애물로 말씽의 소지일 따름

앞서 나간 기대는 과속으로 제지 받아
역사상 많은 선구자로 자청한 이들이
어리석게 형장의 이슬로 사라지지 않았는가

과거 경험을 보완한 현실의 다리로만
보다 진보된 가치관을 펴 나를 수 있고
기다림의 충만을 담보하여 손 놓은 채
자구책도 마련 않고 방관할 미래는 없다

개점휴업 신들로 신성시된 허황된 이상
그 수군거림으로 인해 지구가 피곤할 뿐이며

지금 주변에 기승하는 온갖 테러만 봐도
신이 있다면 우리를 갖고 노는 거니
더 이상 이 문제로 왈가왈부 하지말자

구세주가 늘 늑대처럼 나타났다는
양치기소년의 거짓말보다 오히려
신은 없었거나 '죽었'* 단 말이 설득력 있다.

* 이사야 46:9, 10 :나는 하느님이니 나 같은 이가 없다. 나는 결말을 처음부터 알려주고 아직 이루어지지 않은 일들을 오래 전부터 알려준다.
* 시편 83:18 :그 이름이 여호와이신 당신, 당신만이 홀로 온 땅을 다스리는 가장 높으신 분임을 사람들이 알게 하십시오.
* 니체가 한말 '신은 죽었다' 참조.

기다림의 변수

— 불가지론자

기다림의 실체는 확인 안 된 안개구간이다

유사한 그 길로 많은 사람들이 오갔으나
경유지마다 표지판이 사뭇 달랐기 때문에
알 수 없는 종착역을 선불리 예단하여
기뻐하거나 경건해야 하는 것은 무리다

인류가 긴 여행을 하면서 확인된 바로는
상이한 목표 이면엔 불가사이한 일이 잦았고
이상이란 삶의 막차는 늘 고단했다

현실 앞엔 가로놓인 산적한 문제들
죽음의 차단기조차 뜻밖에 멈춘다 해도
그 일을 꼭 이뤄 내리란 보장마저 없다면
우린 그냥 알 수 없는 얘기로 치부해 두자

다만 자넨 누군가 오리라는 확신에 차서
어두운 밤이 꼭두새벽에 이르는 믿음

차가운 정거장 나가 곱은 손 녹이는 모습은
그대가 선택한 친절한 몫의 자유이므로
전시대로 펴놓은 안내책자는 참고로 삼겠다

만약 당신의 기다림이 우리들 모두에게
구원을 보장한다면 그보다 좋은 일 없겠지만
알 수 없는 나로선 자네 신에게 안부나 전해 달라.

* 히브리서 3:4 집마다 누군가 지은 사람이 있습니다. 그런데 모든 것을 지으신 분은 하느님이십니다.
* 로마서 1:20 창조물을 통해서도 '그 분의 영원한 능력과 신성을 분명히 보이도록'하여 아무도 변명할 수 없게 하셨다.

기다림의 변수

— 이신론자

기다림의 구간은 일단 멈춤 상태이다

오랜 체증상황이 풀릴 가능성은 좀체 없어서
우리가 새로운 규범과 틀을 만들지 않으면
낡은 신호등의 재작동은 어려울 것 같다

부지런한 인간이 도로망을 구축한 후
자동차를 소유하고 면허를 가짐에 따라

지구 어디든 다닐 수 있는 자율적 재량 위에
신은 멋진 가로수 그늘까지 선물했지만
더 이상 개입할 의도만은 줄곧 안 보였다

마치 정원에 마냥 굴러다니고 있는
아이들이 가지고 놀다 싫증 난 공처럼

일찌감치 지구공 하나 우주 한가운데로
뻥 차 질러 버렸거나 서버 넣은 뒤로
숫제 우릴 까맣게 잊고 있는 건 아닐까

아무튼 날마다 심각해지는 도로사정 위에
탁월한 솜씨를 제각기 발휘한다 해도
언제 닥칠지 모르는 재난을 피할 수 없고
고르지 않는 일기도 어떻게 다 대처 하겠나

기다림 이후 다른 선물이 예비 되었다거나
관심 잃지 않은 아무런 증거는 찾을 수 없다.

* p. s : 자전거타기를 가르치던 아버지는 자녀의 솜씨가 어느 정도 능숙해지면 손을 놓을 수 있다. 가다가 넘어질 수도 않을 수도 있지만 그것은 이미 아버지의 손을 떠난 문제이다. 그런데도 자녀가 어디에 있든 아버지는 항상 도움을 베풀 수 있기를 원하며 아들이 찾을 때면 언제든 달려오신다.

기다림의 변수

— 사실상의 무신론자

언필칭 오기로 된 약속엔 이의가 없다

미래가 그 기대에 의해 청신호로 바뀌고
심각한 정체 구간도 뚫릴 것으로 안다

그럼에도 먼 조상 이후 일러준 말
사실에 가깝지만 밤 깊고 새벽이 가까웠다는
이미 숱하게 들어왔던 고전적인 이야기로선
조바심의 마음 고삐가 죄어지질 않는다

불원간 도착하리란 착한 손님을 위해
제시 안 된 신호등에 손발 묶어두고

남은 휴가 일정마저 단축해야 하거나
몰두 중인 세속 밤일 접고 식구들을 깨워
벌써 마중 나가기엔 나로선 좀 곤란하다

기다림의 예측은 나름대로 신뢰하되
정도껏 믿음도 포기 않은 모태신앙이므로

제반 상황을 더욱 꼼꼼히 살펴본 후
주변사정이 그리 나빠 뵈지 않은 조만간
대기신호 들어오는 대로 출발 서두르겠다

근사한 오늘밤 모임엔 꽤 늦을지 모르니
혹 그대가 먼저 그 손님 맞게 되거든
달콤한 내 포도주 잠을 깨워주지 않겠나.

* p. s : 등불을 밝히고 신랑을 맞으려고 했던 처녀들이 준비한 등불이 꺼져가고 있을 때 '슬기로운 처녀'들은 기름을 채워 둔 그릇을 가지고 있었지만 '어리석은 처녀'들은 여분의 기름이 없었다. 하지만 열 처녀 모두가 나누어 쓰기에는 부족했기 때문에 '슬기로운 처녀'들도 자기들의 기름을 나누어 줄 수가 없었다. (마태 25:5 참조)

기다림의 변수

— 유신론자

기다림의 소인은 얼마간까지만 유효하다

우리에게 와서 언약이 된 말씀들은
유예기간 만료 이후엔 심판으로 바뀐다

단지 기다림과 만남은 일방통행이 아니라
대화처럼 쌍방 접근으로 닿는 방식이라서

때로는 비보호 좌 · 우회전 신호 앞에서
예상을 뛰어넘는 대기 순번도 있겠지만
성큼 다가서기만 하면 이미 도착하기도 전
한걸음 앞선 긴 팔이 우릴 반겨 안으신다

그로 인해 부활된 모습을 실인물로 파악하고
꿈으로만 그릴 수 있던 성경에 든 진면목들도
실제 상황으로 재현된 걸 두루 볼 수 있지만

사실은 다 계획되고 이미 마련된 처음 것들로
마침내 낙원이 된 땅을 우리들이 걷게 될 뿐이다

고로 요건 잘 갖춘 제반 신호의 원칙처럼
말씀대로 준수하면 믿음만큼 도달할 수 있고

'어서 오십시오' 하고 준비된 기다림은
지체되는 시간에 구애 받거나 문제 될 게 없다.

* p.s : 행복한 일을 기다리고 있으면 그 일이 이루어질 날이 오기 오래 전부터 기대감으로 기쁨에 가득 차게 될 수 있다. 기다리는 시간을 지혜롭게 사용해서 앞으로 있게 될 일을 준비하고 있으면 기쁨은 더 크게 만들어진다.
* 시편 37:11, 29 '온유한 자들은 땅을 차지하고 풍부한 평화 가운데 기쁨을 얻을 것이다.'

오계절의 숨은 예감

한 세월 장엄하게 자란 소나무
솔씨 하나 발치에다 떨군 나중엔
뽀오얀 송이버섯이 남 모르게 자란다

수컷을 등에 업은 암컷 갈매기
눈부시게 펼친 꼬리 날개 부채살의
정결한 의식 뒤에 태어난 작은 생명은
개펄 어디쯤서 하얀 걸음마 뗄까

초록 나들이 나선 첫 계절의 호기심이
떡잎 여는 새벽 무성한 이슬 매달고
발 빠르게 풀리는 강물들로 달려
여름 물안개 더위 한풀 가둬놓으면

어느 가질 털어도 붉게 적신 엽서
목을 늘인 마을마다 옷섶 물들인 밤

높다랗게 걸린 달이 나를 내려다보며
여문 뜻만 추수해 곳간 들여라 한다

세상 모든 눈이 발목 덮을 때 이르러선
하늘은 아직 색감 못 고르셨는지
계절을 온통 흰 여백으로만 두셨고

누군가 생각을 미룬 사계절 뒤 아쉬움
13월의 바람이 언 호수 위로 불어
가랑잎 같은 우리를 건너 주었을 때
수면 아래로 부풀던 그 예감은 뭐였지

부리 노오란 물새들이 힘껏 날아올라서
영 다른 색상 하나 물어다 줄 것 같은
아픔도 죽음도 장차 사라져갈 기별일까

주소까진 몰라도 깨날 법한 지상 어디
길 떠난 친구야 다섯째 철 얻게 되거든
내 집 울타리께 먼저 살그머니 일러줄래.

팔요일의 아침 일기

어렵사리 탈출 성공한 듯 보였지만
꿈이란 세상 그물에 포획된 새였을 적

어느 정도 허물도 지녀 거북했던 나날들
되도록 먼 데로 뱉고픈 배알 속의
해바라기씨처럼 까먹고 난 손실 전말은

갇혔던 새장 구금에서 보석保釋으로 풀린 후
다시 더 멀리 날고픈 팔요일의 아침

날아오르느라 찢기고 아픈 상처들로
한동안 슬퍼져간 그 간의 찌듦은
용서의 입김 달여다 치유될 수 있었을까

암만 받아써도 줄지 않은 참회 노트에
그동안 못 다한 나의 말들 묶어내고
조금씩 발돋움하며 알게 된 뉘우침 중
어쩌다 칭찬 받을만한 이유 하나 엿보니

마주보는 얼굴에다 미움은 씻어주고
겨드랑 가려움 타던 작은 부끄럼이었지

가까운 사이조차 사랑한단 말 아끼고
말한 후에도 행함은 뒤로 미루며
허물만 열어본 빈 날은 정말 바보 같았어

그러게 우리 완전성에 점차 가까워져
서로가 서로를 어루만져 줄 수 있는
덤으로 비축된 나의 마지막 기도 시간

하루 중 늦게나마 단정히 두 무릎 꿇어
미안타 부끄러웠다 나직이 되뇌이며
뾰족 깎아놓은 자만의 연필심 같은
얄미운 싹들을 부러뜨려야 쓰지 않겠나

또렷한 말씀 적다가 혹 흐린 날 만나서
아무렇게나 대한 또 부주의한 방심 위엔
게으른 이부자리 늦은 아침 털어내듯

사랑했던 마음 대가로만 지불 보증된
맑은 날 지우개로 다녀 모두 지울 거다.

얕은 여울 징검다리

내가 나 아닌 대상에 눈 뜨게 하거나
쓸모있는 도구로 여겼다면 사랑이란 말

그게 어디서부터 길들게 되었는지는
저마다 다른 체험에 맡기더라도
대부분의 수고는 사람과의 교류일 거다

'여태 이런 걸 아무에게도 들을 수 없었다니
정말 믿을 수 없어요'*란 뒤늦은 깨달음들
아무리 크고 지고함도 누군가 내게
보여주지 않았을 땐 좀체 몰랐기 때문이다

마뜩찮은 하천 버리고 길 떠난 비오리가
몇 해 후 제 식솔 거느리고 다시 찾아
텀벙 주저앉아 텃새처럼 눌러 살듯

실망과 후회 때론 좌절을 딛고 넘어
안타깝게 지나친 시간 속 거슬러 보면
불원간 더 큰 존재를 만날 수 있음이리라

어쩌면 지금 내 곁의 한 사람이야말로
이 모든 걸 알고 일찍 나를 방문했으며
내가 바라던 기대 이상 곱절 마음의
기다리던 값진 소식을 배달할지 모른다

지름길 두고 매번 돌아드는 강이지만
굽어드는 물줄기 따라 어디선가
깊어 보였지만 사실은 얕았던 여울

그곳에 당신이 마냥 앉아있었던 건
내게 요긴한 징금 다리였지 않은가 한다.

* 파수대 경험담내용 참조.

중국어 학습

설니홍조雪泥鴻鳥
눈 속에 도드라진 새들 발자국만이
상형문자마냥 남은 대륙의 오지奧地

유능한 광부 봉사경험이 이끄는 대로
망설이던 과제를 11시 넘어 보냈는데

'싱쿠얼러, 이형제 안녕하셨어요?'
어김없는 교정 메시지가 카톡에 들어온다

삶이 느슨해 올수록 더욱 단단하고
힘 있게 쥐어졌던 땀방울 같은 용기들
여태 딱히 누구를 동행하지 않고서도
나만의 말과 소통으로 틀 잡혀온 길에서

만날 사람은 이미 두텁게 여몄으며
떠날 사람은 가벼이 놓은 듯 보였지만
중국어 사용 밭은 노천 광맥 지천으로
캐낼수록 순도 높은 효과 만점 반응이다

'저의 중국어는 그다지 좋지 않습니다'
(我的 中文 不太好)
때론 설익은 발음 양해로 뒷갈망하고
마수걸이 거래 튼 비단장수 왕서방님과

수줍음의 청량재료 양념 미소 버무려다
소매 깊숙 파묻은 손들도 매끄럽게 잡는다

어눌한 말투지만 살금살금 팬더곰처럼
'메이 꿘시' 'no problem' '괜찮아요'
얼마간 크진 않지만 발 밭은 우리 흔적은

설렘의 만리장성 언어 방죽 무너뜨리고
천안문 광장에다 전시대 펴놓을 날 있을까.

주먹 모래시계

누구나 한 움큼씩은 갖고 태어났네
보여줄 거라곤 고추뿐인 사내가
두 주먹 쥐고 운 것도 다 이 때문인 거야

엄마한테 옹아리 처음 배우고 나서
버겁게 두 손 쥐락 놓으락 할 때도
모래알이 빠지는 줄 까맣게 몰랐지만
젖 아닌 세상 헛물 켜고 부턴 알면서도
빈 주먹 펴 보여야할 때가 참 많았어
그동안 모래 사라진 행방 좀 추적해 보니

젊어 한 땐 일 바쁘게 노임과도 바꿔 샀고
알콩달콩 자녀 기를 적 알면서도 솔솔 샜고
상사 앞서 두 손 비빈 건 영 부끄러우면서도
어쩌나 호구지책이라 엄청 털렸던 거지

어느 듯 까닭 모르게 허전해 오는 손아귀
품 안 자식 잔가지들 죄 부러져 떠나고
망할 세상 함께 보자던 조강지처 때 묻은 일기
그마저 잃은 탓이면 더욱 안타까운 일일세

그렁그렁 콧물 흐르는 남은 세상 한 귀퉁이
털린 모래 대신 지렁이주머니 꿰차고 앉아
정 든 세 칸 낚싯대를 자네와 드리웠더니
흔히들 하는 거짓말처럼 물 가운데 솟구치고
웬 노인 한 분이 우릴 엄히 굽어보고는
'한정 없는 모래주머닐 되 채워줄까' 하더군

노인 따라 좋은 땅에다 배 짓고 집 장만해
가족 들여 살림이나 다시 꾸려볼까 했는데
꿈에서도 자네 안식구 발길 지청구에 채여
그만 졸던 잠을 깨니 천만 뜻밖 물가였구먼

자네 보게 돌이켜 생각하니 그 영감님이 꼭
모세 같기도 하고 다윗 같지는 않던가
한데 그들은 땅에 그대로 아직 묻힌 채
하늘 근방에는 오르지 못했다 하잖는가

그럼 됐네 떠난 식구들 흙에서 도로 깨날 즈음
세 칸 마음 둘레 깊이 미끼로 우릴 달아놓고
모래들 다 빠져나간 시계도 도로 뒤집어 놓고서
추억 속의 뭇 기쁨들은 모두 잡아 채 보자구.

갈대가 그린 구름양들

고통밖에 쓸 수 없던 중동어린이의
전쟁이란 연필들 다 부러뜨리고
샤프심 일제히 밀어올린 갈대들

평화가 필수과목인 하늘 화폭에다
갈대풀 먹여서 양들을 그렸다

팔베개 하고 누운 구름 언덕에선
한 번쯤 우리도 목동 되고 싶었는데
얼마나 해박한 길눈 익혀 놓아야
저들을 안전하게 지켜낼 수 있을까

살면서 기댄 소품 여럿 중에서
쓸모 있는 가짓수만 추려보다가
지팡이와 피리하나만을 골랐다

파아란 하늘 화폭엔 느는 양떼구름
국경이 없을 것 같았던 하늘들판서도
죽임을 탯줄 자르듯 요란한 번개 사이
염소구름 검은 떼가 휩쓸어 다닐 땐
금세 놀란 양떼가 대열 흩고 만다

날이 밝길 기다려 피리를 꺼내 불자
제 곡조 알아챈 양들은 모두 모였지만
그새 어디론가 누가 채어갔는지
얼마간 양떼들은 행방이 묘연했다

주위를 둘러봐도 감감하던 참에
어디서 본 누군가 하던 시늉대로
컴퓨터의 커서처럼 지팡이를 쳐들고
하늘 한 모퉁일 안타까워 툭 쳤더니

말씽 끝에 멈춘 컴퓨터가 재 작동 되듯
이전 화면 뜨고 잃은 양들이 나타났다

양들은 하늘 초장에서 다시 풀 뜯고
지상에도 길 잃고 떠난 양 같은 무리

하늘 화폭 '위엄을 옷 입으신 분'*은
죽음마저 수긍해야한 선한 이웃들의
새 얼굴을 물감 풀어 그려낼 순 없을까

한 벌 세상 소풍과 바꾸고 싶지 않았던
베푸신 마련 가운데 부활이란 상품

피리소리 출처로 주인 음성 식별해내곤
근심 없는 들판 좋은 소식 불 일어놓은
지상의 큰무리 양떼가 새아침을 노래한다.

* 시편 104: 1,2 다윗 왕의 시 참조.

지상을 밝혀주는 빛들

―성서로 한걸음 다가서면

아침 안개들이 물옷 걷고 일어선 산과 계곡
곰바위굴 어슬렁 반달곰 내려와 멱 감다
은비늘 날개 편 물고기 여울 넘보기도 하고
새들이 일제히 목청 풀어 하루를 시작하는 지상

사람에게 이끌린 각종 생물의 정겨움과 더불어
얼핏 보기엔 좀 우스꽝스러운 금수마저
한 가족 띠로 묶기에 손색없었던 친구들로

우주 속 거처로 마련된 유일한 별 하나
지구는 모든 완전함을 갖춘 우리들의 둥지였다

한편 둥지 넘보았던 주제넘은 천사의 시도
우주주권 가로채려는 시샘으로 가만 다가와
첫 조상이 한 눈 판 새 홀연 '첫 거짓말'*1)로써
세상을 통째 건 판을 키워 중상으로 꼬드겼다

불순종이 지속될 전후사정 살피신 하느님은
중상자들 몰아낼 타개책을 곧장 세우신 뒤

저들 나름 방식이 얼마나 잘못 된 것인지
인간 스스로 깨달아 알아채도록 돕기 위해
쟁점이 해결될 얼마간은 기다리시기로 하셨다

처소 떠난 천사들의 횡포가 극에 치닫는 이래
인간 여자 차지해 '네피림'*2)이란 잡종을 낳아
폭력이 난무하고 날로 악에 신음하던 땅을

'1년 남짓'*3) 물로 휩쓸어 사라지게 된 피조물들
당시 아리셨던 그 분 마음은 '무지개'*4) 내걸어
사람으로 인한 탄식이 오늘날까지 눈에 선하다

그럼에도 혈육 몇과 생존시킨 암수 동물로
창조주의 설계대로 낙원이라 일컬어질 지구는
가르침으로 단장되어 나올 의로운 사람들에겐
위임받은 돌봄을 거쳐 보존될 유산이었지만

거짓됨의 배후가 차츰 드러나는 동안에도
제 위치 이탈한 채 분개했던 천사들에 의해
의로움을 따른 많은 희생들이 피로 땅을 적셨다

백성들의 요청 받아 임명시킨 왕이 횡포부릴 땐
서둘러 예언자를 보내 때론 깨닫게 하시고
두루마리 말씀 읽게 해 시정하시던 하느님께선

거짓 신 시험 이기고 구름같이 모인 이름들을
오래도록 지면에 남겨 산 증인으로 기록하셨다

언약대로 헐벗은 땅에 메시아로 내주신 아들과
옳은 길 스승을 따라 양들 돌보았던 제자들이
충절을 고수하면서 가르쳐온 왕국소식 통해
지상은 모든 게 회복될 낙원임을 확신케 했고

아들을 대속물 삼아 화해 이끄신 하느님 친절은
정상적인 것을 초월하는 능력도 이따금 내려서
보이는 조직[*5)] 하나 왕국 마련의 시간표 따라
하늘과 땅의 자녀들을 영으로 굳게 연합케 한다

세상을 이긴 자로 하느님 우편에 앉은 아들은
이후 하늘 영역의 주제넘은 천사도 내쫓아서
그로 인한 화가 지상전역에 엄습한 상태이지만

물침례로 가족이 된 온 땅의 큰 무리 백성은
세상 박해 속에서 좋은 소식 알곡을 거둬
'뱀과 여자의 씨'*6) 사이 주목할 만한 선택서도
지혜 담긴 책 한 권 통해 옳은 길을 찾게 된다

유포된 세상 언어들이 그 사이 또 늘었지만
유능한 숨은 일꾼이 속속 번역을 마친 뒤

진주모래 헤집고 샘솟는 생명 소식들은
펼쳐보면 의로운 그 분의 목적과 일치되었고
사전 경고 속에 소금 같은 생존 지침들이
퍼 나르는 잰 발길로 갈증 멈추게 되면
지구촌 마을이 점차 축복받아 생기를 띤다

우리들은 다시 지구 정원지기로 복귀하여
꿀벌처럼 잉잉 말씀의 꽃가루 나를 땐
보수는 천년 나이 절로 익은 과일 보너스

어쩌면 그 후로도 한정 없이 너른 시간을
리필 받는 즐거움이 뒤따를지 모르는
하느님과의 원래 계약이 원상회복 되는 거다

즉위하신 왕의 신분 아래 제 위치의 천사 눈에도
좁은 길 걸어 나온 무리 '천년 통치'*7) 모습에선
쇠약하고 예기치 않게 목숨 잃고 떠난 슬픔이
부활로 재창조되어 갚아진 기쁨 어디다 견줄까

밝은 대낮 '큰 광명이 둥글게 걸던 지구 위에
흐린 밤의 작은 광명'*8)이 별들과 눈 뜨는 주야
성령으로 온 땅 밝혀주는 빛 하나가 더 있는데

최근 들어선 더 편리해진 '왕국 소식 웹 사이트'*9)
지상 최다 언어 문자로 전파 활동을 두루 돕고

전능과 위엄 속 '여호와'*10)라 일컫는 분께선
경건함의 모든 기도를 직접 챙겨 들어주시며
아들과 함께 한 통로 빛으로 눈부심을 이끄신다.

* 1) 창세기 3:3-5 을 참조함.
* 2) 창세기 6:4 참조함.
* 3) 창세기 7:23, 24;8:1-14 참조함.
* 4) 창세기 9:13-17 참조함.
* 5) 에베소 1:10 '정해진 때가 되었을 때에 관리체제를 마련하셔서 곧 하늘에 있는 것들과 땅에 있는 것들을 그리스도 안에서 모으기로 하셨습니다…' 참조함.

* 6) 뱀(의 씨)과 여자(의 씨) : 창세기 3:15 인용. 여호와께서는 하늘에서 자신을 섬기는 영적 인격체(천사)들로 구성된 하늘 조직 부분을 '여자'라고 부르셨다.
  뱀은 계시록 20:2에서 말한 '마귀이며 사탄'인 '원래의 뱀'으로 같은 책 12장 전체에 두 부류의 관계가 잘 묘사되어 있다.
* 7) 계시록 11:15;20:3-6 참고함.
* 8) 창세기 1:16 참고함.
* 9) JW. ORG :여호와의 증인의 공식 웹 사이트임.
* 10) 시편 83:18 외 다른데서 칠천 번 이상 등장하는 하느님 이름.

제6부

민들레로 여민 봄날

기다림도 힘 되곤 할 땐
누군가 뿌리치고 간 온기조차
봄이라 다 일러주고 싶다

스스로 터득하거나 길들지 못한
세상이란 넓은 이치 때문에
눈을 뜨고서도 못 보았던 날들은
더는 봄이라 부르지 말자

혼자서 골몰해선 도무지
마음조차 때론 읽을 수 없어
날마다 나를 가볍게 여민 뒤로만
세상 밖으로 보낼 수 있었다

부질없는 허물은 귀 걸러두고
머리 위로 낳은 자식들아

긴 겨울 네게 줄 당부의 말도
올 한해 염려밖에 없고
나중 일들은 또 바람에게 맡기자

멀리 등 떠밀릴수록 이마엔
가파른 경험이 쌓일 테고
깊게 치유된 상처 난 가슴일수록
견고한 기쁨들이 고여 든다

그런 후면 우리들 함께 보낸
기다림의 마른 봄날 역시
슬픔뿐이었다고 단정 않을 것이다.

편도바람 민들레처럼

— 역이민 떠나고플 때

키 작은 하늘 당당히 고개 들었으나
보고도 모를 사각지점에 이르면
생각만으로 또렷하잖을 우리들 이름

턱없이 내밀었던 호기심의 긴 목은
잔디들과 함께 섰던 이유 하나로
동일한 키 높이로 잘려나가야 했다

떠나고 싶을 때 그만 떠나자
노오란 수줍음의 밤 밝힌 열정들로
아무에게도 그저는 등 기대지 말고

넉넉한 이슬 전조 몹시 맑은 날
편도바람 길만 꼭 골라서 타고
사방팔방 타오르다 흩어져 버리자

호된 사랑 나만의 깨우침 위해
바람 불 기미 있다면 우리들은
내일을 서두르지 않을 이유는 없다

생각해보면 삶 절반이 까맣던 하늘
크고 작은 이별의 사유를 대며
멀어져가는 또 한 친구의 얼굴처럼

사뭇 망설여지는 이웃들과는
가벼운 수인사로도 족한 거다

보이는 것처럼 전부 느낄 수 없었던
거짓되고 부실함 모두 갈아엎고서
돌아다보니 우리만의 헐벗었던 세상

슬픔도 이방인의 사치처럼 버리고
바람 난 바람 만나면 무임승차로

바람 불기만을 기다렸다가
그 바람 타고 일제히 날아 버리자

딱지 맞은 마음 기댈 반도 밭두렁
아들 딸 상관 말고 많이 불린 다음
잡초라던 따돌림 수긍 말고 함께 살자.

민들레의 훗날엔

줄곧 엎드려 빗물 움켰던 마음
나비조차 씨 한 톨 옮겨놓지 말랬다

아픔의 손발을 뒤로 묶고서
기진했던 우리들 밤은 길었는데
한순간 누가 다가와서 입김 불었고
어리둥절 미궁 속 모든 게 흔들린 후

일어나보니 거짓말 같은 또 다른 세상
어디를 어떻게 날았는지 종잡을 수 없다

나는 곧장 나를 불어준 누군가를
만나러 찾으러 길 물어 나설 참인데
기다림의 한 철 엄한 시간 속에서는
안일한 습관들은 맨땅으로 되 묻히고

어디선가 나를 사뿐 내려놓았을 뿐
도무지 어디쯤 날아왔던 것일까

세상 쓰나미 가운데서 뭍을 찾아나서
구름 눈발 나르며 화답하던 새들 대오와

선두와 후미 오가며 건너 부른 목소리
악보 놓인 수신함에다 두려움 반 손 내밀면

어쩌다 얼굴 정도 알아보았을 뿐인데
함께 가자며 던진 구명조끼 같았던 친구
안쪽 발 서로 묶고 어깨로만 매달렸던

좀체 익숙지 않았던 우리들 함께 달리기서
마침내 노오란 색조 흩은 깃을 착지시킨다.

핵심이 비켜간 자리

가슴이 아픈데도 말 배우느라
'핵심이 아프다'*던 막내를
엄마 없는 외국 데려나와
깊은 성장통 우물에 빠뜨렸다

함께 앓았던 날이라 해서
동일한 날씨만 기억할 수 없듯
사치스럽게 보낸 낮일수록
어둠은 더욱 골몰히 등불 켜는데

길게 엎드린 겨울밤은
흔한 개들도 짖지 않았고
거미줄 타넘는 투명한 빗물처럼

그리움의 외줄 매달리다보면
맨 정신 외 줄 것 없어 바람이 분다

사랑이란 빼있는 몇 칸 그늘 지나서
아버지란 서운함의 나이에 이르면
낡은 문짝처럼 쓰러질 듯 잡히는
서로에게 안쓰럽던 염려 따위들

삶의 훈수 같은 꿩 소리
한 귀로 흘려듣는 강가에서
덤으로 얹어놓은 오늘은 그냥
바람 술렁이는 수초 틈에 앉아보자

끝내 빗진 마음 살림망 거두듯
하오의 곤한 낚싯대 접을 때면
엄마의 둥근 얼굴 파문 커져가고

우리 둘 헛손질 수북한 자리
해종일 비켜 앉았던 노을도 져서
별빛 하나 냉담한 금 주욱 긋겠네.

* 예전에 한 코메디언이 '앗 핵심을 찌르는 소리' 란 말을 유행시킨 적이 있었다. 막내는 이 말을 한동안 '가슴'으로 잘 못 이해한 듯하다.

목간 고수들

생태계 보존과는 거꾸로 가는 청정 구역
남한강 상류 어느 목간이라 해두자

김 안개 서린 샤워실 옆 칸에서
팔 잃은 한 사내를 본다

어깨 근육에서 미끄러진 곧은 척추
흐트러짐 없이 단아한 체구였지만
무슨 연유인지 어깨 짬 왼쪽부턴
팔 한 쪽이 조각 흉상처럼 안 보였다

농부가 밭에서 캐낸 비너스상을 시샘해
집으로 옮겨놓자 부서뜨린 아내 질투처럼
인간의 불후함도 누군가 시기한 건가

언젠가 지하철서 근무하던 청년은
위기 처한 타인의 목숨 구하고서
다리 한쪽 내주었다는 기사를 봤지

그도 지금 곁에 섰다면 저랬을까
눈 한번 찡긋 단지 웃음만 건넸을 뿐

등 한번 밀어 달라 맡긴 적 없는
불편함을 개의치 않아 의인 닮은 고수

세상 슬픈 일들 도가니 속에서 누군
'한 손은 나를 위해 쓰지만
다른 한 손은 남을 위해 써라.'* 했다는데

내게도 얼마간 베풀 일이 주어졌을 때
슬며시 방관하며 재껴 놓기만 한
망설였던 얼마의 두 팔이 지닌 무관심들

부끄럼의 알몸 낱낱이 거울 속에 비친 동안
하이얀 유쾌함의 거품 일으키는 외팔 사내는

나의 뭔가 모자람을 아는지 모르는지
하산한 뒤로도 가끔 이렇게 씻기고 간다.

* '오드리 햅번'이 아들에게 해주었던 말 중에서.

사랑한다는 것은

사랑한다는 것은 바람 부는 날
설레는 마음 지연紙鳶 띄우는 일이리라

바람 솔기로 받아내며 솟구치지 못하면
여지없이 곤두박질쳐야했던 시도처럼

처음 실수들의 우스꽝스런 모습 뒤로
마침내 부푼 뜻 하나 고공을 달아오를 땐
장엄한 하늘 등지고 땅도 굽어보겠지만

사랑은 언제 또 바람 급물살 탄 심기처럼
얼레실 끊고 달아날는지 몰라

느슨한 마음 되감아 주기도 하고
팽팽한 긴장 제 때 풀 줄 앎으로써
바람의 비등점 터득하는 연과 같으리라

사랑한다는 것은 눈 녹아드는 산정山井
눈금 잣대 수심 가늠하는 것이리라

등고선 따라 길 내린 샘들의 호기심이
고기 숨 몰아 숨 쉬는 갈대 수초 비집고

네게서 비롯된 마음과 봇물 이루었을 때도
사랑의 수위들은 막무간의 둑을 막아
미구엔 범람하는 사태沙汰 정수리 닿도록

더 많은 나의 물로 가두려거나
고단한 얼음 두께로 눌러두기보다

기다림의 눈꺼풀만큼 수문 열어둔 하구
아득한 눈썹 발치 발 담근 요량料量 깊이서
소용돌이친 그리움만을 길어보는 것이리라.

실오라기 넘기는 마음

두 손등에 가로 걸린 두툼한 실타래에서
실들은 각개가위표로 감아내는
어머님의 실꾸리로 자꾸 넘어간다

실이 잠간씩 풀려나길 멈칫댈 때마다
나는 양손에 긴장을 늦추거나
더욱 팽팽히 고정시킨 채
실 끝 따라 허공을 이리 저리 내둘렀다

기인 시간이 차암 조바심 나서
발에 쥐가 내리기라도 한 것처럼
자세를 또 바꾸어 앉으면

어머님은 입가에 미소 머금으시며
"다아 돼 간다" 하셨다

'설마 한 올씩 실 넘겨줄 적마다
마음도 타넘어 간 건 아니겠지?'

느낌엔 어머님의 손아귀에 쥐어져
탄탄히 감겨드는 실패가
불어날 낌새치곤 감감해 보이는데
어머님은 내 맘 훤히 들여다보시는 거다

"어디 팔 아프면 바꾸어 해 보련?"
어머님이 그예 나직이 제안해 오신다

'아뇨, 어머니 저 팔 하나도 안 아픈 걸요…'

실들은 다 감겼지만 못 건너간 아쉬움
쑥물 같이 오랜 사진 어머님을 품은 아들은
기억의 실꾸리 속에서 같은 답만 되풀이한다.

결속선이 튼 둥지

얼기설기 놓인 마음 조바심 따라
약속과 이행이 맞물린 조율만을 골라
하나 둘 결속선을 조여야했던 지난 날

느슨하게 삐쳐 나왔던 아비랑
너무 재게 감아 끊어질 뻔한 어미랑
쉬 잊고 틀어져선 안 될 아이들 몫까지

사랑 가운데 있을 때가 가장 안전하다며
누군가 자주 타일러주곤 했지

드디어 사랑만의 반듯한 골격 위로
거푸집 나무 형틀 옷 입히고
아버지의 바퀴 궤적 못지않게
엄마의 둥글게 돌아가는 레미콘 상체

사철 발 씻으며 강에서 어울렸던
자갈 모래들도 산을 내린 시멘트와
황금비율로 메꾸어 철근을 감싸주면
의기투합한 힘은 곧장 콘크리트로 굳는다

자주 강이 그리워 목 말라할 때마다
물 먹는 하마 날래듯 분주한 순번들의
물조리개로 합세한 아이들 땀 밴 등만큼
숱해 켠 물도 어느 정도 배어들고

깊이 들인 눈물일수록 더욱 단단하듯
오랜 양생 끝에 드디어 착생해 낸
서로를 여미게 했던 배려의 절대배합

비로소 가족이란 견고한 둥지 하나
세파 속 억센 투지와 힘 겨뤄 섰던 거다.

공친 날의 아버지들

전신주 외줄 추위에 고개 묻은 참새처럼
일용직 인부 너 댓 움츠러든 공사판

날마다 팔려나가기만 기다려야 하는
힘쓸 나이 지나 대부분 한 또래인

아무개 아버지나 또 그 남편들로
옹송그레 불 쪼이며 손발 녹이기도 하고
자갈 모래 한 통씩 지고 사다리를 탄다

불어터진 한 그릇 점심 국수 비우듯
세간 살이 근심들은 목울대로 넘겨가며

흩어져 살던 식솔 다 불러 모으려고
낡은 런닝 갈비뼈 물 고였던 십장 동료와
한순간 솟는 결기도 축대 그늘로 숙인 채

시간 외 쳐준 곤죽의 긴 나절도 잠깐
슬그머니 늘어난 수당이 주머니에 뀐다

지나는 길손마저 제법 뜸한 밤중
마루 밑 진돌이도 코 감추고 잘 적엔
한 잔 보폭 비뚜름 훤한 달빛 헐어두던
단골 외상 치부책 이름 한 줄 지우고

고단한 하루 그도 흐뭇한 아버지들은
음정 놓친 가사 콧노래로 집을 찾아든다

일 없는 바람 한편 후줄근 공친 오늘은
양념처럼 다져 놓은 식솔 웃음 털어다
외풍 벽도 산뜻 오려 도배해 놓고

부실했던 그간 탓들 다 제게 돌리고서
오도카니 한 식구 허물 덮고 살고파
담장 없는 창문 커튼조차 건을 참이네.

마음 한 짐 한그루 곁에

아궁이에 불 들이고 데운 가마솥의
김 서린 목욕물이 다 길어지면
할머닌 몸을 씻은 후 마음마저 행군다

할머니 앓아누우신 동안 수발하며
할아버지 팬 장작 수북한 더미 속

여름날 아카시아향이 되살아나고
든든한 나무들이 잉걸로 타면서
녹 쓴 날의 숨은 과거들이 뒤따라든다

나무 수액 받아 닦여진 몸과 마음은
아직 베어지지 않은 숲 속처럼 맑은데

숲을 걷는 동안 늘 눈여겨 봐 왔던
한 켠에서 눈 뜨고 있는 검은 숯가마 속
마음 속 지핀 얘기들 굴뚝 나들이 하고

낮게 걸린 하늘 건조한 불씨들 마냥
아범 시절이 목수건 두르고 들어설 때

아직은 첫 마음 처음처럼 눈 붉히고 선
부화되지 않은 병아리 적 곳간 기억만
거미줄에 멈춘 시간들을 감아내린다

구름마저 여과시킨 숲을 이룬 산 속은
새벽으로 내닫는 새소리로 떠들썩한데

임자의 곧은 가르마 탄 햇살 이엉에
귀 반듯 들보기둥 서까래로 늘였던 처마
할아버지 빈 지게만 벌기 기대어 누운 채

거슬러 받지 못할 마음 한 짐 묶어두면
배롱나무 한그루 곁 바람이 흔들다 간다.

느티나무 그늘과 장기알 촌로

늘 이랬을까 허전한 밑동 마음
항아리 하나쯤 터진 옆구리로

바람 지날 때마다 웅 웅
눈비 맞아 결린 경고음을 냈다

지난여름 한밤 번개 타박하던 날
주저앉은 팔 끝내 못 추슬러
버팀목 여럿 지팡이 삼았지만

우물 곁 뿌리 벋은 밤물 길어다
올 봄엔 새순 얻은 초록 눈 달고
온동네 두루 살펴보게 될 거야

가는 귀 먹은 붙들네 할멈
할멈의 시어머니 시집 올 때부터
동구 밖 나 홀로 지켜왔으니까
마을 통 털어 제일 어른인 셈이지

장기판 일선 밀어부친 바꿔치기로
이빨 빠진 졸들 먼저 나뒹굴듯이

느티나무 손주뻘 할아버지들도
속이 마냥 비었기는 매한가지다

치사랑보다 내리사랑 먼저여서
차일 편 배꼽마당 며느리 볼 적부터
품안 자식 하나 둘 여의는 동안
차 · 포 같은 실속은 다 털고 말았지

그러다 겨울 문풍지 황소바람 들면
느티나무나 노인은 함께 울었다

지나간 바람 죄 보듬고 싶은 마음
언젠가 느티나무도 쓰러져 찍힌 뒤
뒤뜰 마른 장작더미 알불 숯에 남아

도란도란 얘기 나누는 어느 손주집
할머니 곁 화로불로 솔솔 탈거다.

목간 품앗이

미리 예약이나 한 것처럼
좁은 욕탕 바닥을 차지하고 앉아서
곁에 앉은 옆얼굴 사내에게
불쑥 때밀이 수건 하나를 건넸다

등을 디밀고 앉은 사이 꾸벅 꾸벅
얇은 졸음이 나비 여행 나선 듯하다가

어느 수렁 화들짝 헛발 디딘 채 나와
놀란 정신 가까스로 수습하고 보니

아서라
까슬한 때밀이 수건 속에선
분주히 오간 그대 봉긋이 잘려진 손등

손가락 다섯이란 죄 다 떠나보내고
손등 끝에서 겨우 돋아난 재생 뼈들이
컴퓨터 자판 등가죽 때 일으키면
가슴께엔 형언 못할 부호들을 내온다

참수형 기다리는 죄인마냥
목을 길게 뽑고 수구려 앉았다가
엔터키*처럼 어깨를 탁 치는 기척에
또 한 번 사태 직감하고 뒤돌아보니

바른 손을 잃은 그가 환하게
이제 자기 등을 가리키고는 웃으며
너그러운 판관처럼 돌아앉는다

임금님 서찰 벼루에 먹 갈아 올리듯
정성스레 밀고 닦아 거듭 헹궈 드린 후

사우나실 직행해 복날 강아지처럼
엎질러진 땀국 꼬리 사린 채
스스로의 부주의를 한사코 나무랐는데

잠시 후
탈의실에서 그와 또 맞닥뜨렸다
이번엔 그가 먼저 음료수캔 하나를
내 턱 밑으로 쑥 내밀었다

눈물처럼 싸~한 탄산음료 맛이
코를 뚫고 목구멍을 훑어 내리다가
목젖을 그만 콱 움켜쥐고 만다.

* 컴퓨터 자판의 Enter Key.

제7부

새조롱 안팎 하늘

갇혀사는 이는 바람 되어 떠나고 싶었고
바람으로 떠돌던 이는 외려
쇠울타리 속 구이를 넘보고 있었다

대공원 철책 하나를 사이에 두고
남의 사정 넘보며 부러워하는 두 무리 새
우리는 얼마나 다른 사정을 탐하며 살까
세상은 또 얼마나 튼튼한 울타리일까

오늘도 하늘로 벗어나길 시도하는 자는
바다 건너온 새소식이 궁금하여
산 넘어갈 구름에게 꼬리표 달아보지만

하늘이 온통 자기 영역이면서도
공으로 얹혀살고픈 풀려사는 자는
가둬둔 철책 지붕 위에 숫제 둥지 틀었다

우리가 서 있는 곳은 한편 어디인가
새장 울타리 안 인가 눈꺼풀의 울 안 인가

저마다 주린 사정에만 몰두했을 땐
울타리의 경계마저 쉽게 구별 못한 채
육중한 하늘 무게를 혼자 지니고 산다

마침내 우리를 가둔 울타리 하나 둘 걷고
자율의 선택 폭으로 눈을 열고나면
이웃고 바람 드나들 듯 허용된 날개짓

모두가 나서 굽어봤던 순수의 바다같이
하늘은 몸이 아니라 털고르기한 마음으로
세상 공기 내버리고 비상할 수 있었다.

낯선 역 낯선 시간

개구리처럼 엎드려 가난에 눌린 잠이든
얇게 썰린 부자의 치즈 같은 낮잠이든
누구에게 시간이 줄거나 느는 것도 아닌데

부지런한 사람만이 늘 혼자 남아서
또 다른 길을 모색하고 채비해야 한다

달리는 차창 밖으로 기대어 앉았다가
날려보낸 추억의 모자챙은 아니고
하필이면 내 앞에서 줄이 딱 끊겨
배당 안 된 식권처럼 거들난 IMF 배곯음

우리도 한 땐 업혀가거나 대신 누굴 업고
어디까지 왔나 물으면 엉뚱하게 둘러댔지만

엉겁결 샅바 잡혀 뒤집힌 한 판 승부처엔
중년의 지닌 무거운 짐들만 내려놓게 되었다

이제는 얕은 고개 어느 정도 생긴 요량料量으로
말해줄 수 있는 비결만 배낭에 추려 담고서
고향 닮은 터미널로 후줄근히 들어서면

다시는 되찾을 수 없는 역이름 베고 누워
어디서 본 듯한 노숙인이 손 흔들지만
동전 대신 새로 산 마름집 차표 한 장을
발밑에 떨구고 돌아서는 역사驛舍 바깥은

그렇게 만나보고 싶은 젖은 사람 대신
어둠을 펑펑 울어주던 눈 손님만 다녀가고
내 사람도 국적도 행방 묘연한 몹쓸 꿈들

연착륙을 시도하는 허름한 찻집에서
마음은 가난하지 말자 당부한 벗과 만남의
빗돌을 새롭게 딛는 이른 하루 여미고 나면

우리는 어떤 출발점에 따로 서 있는지
찻물은 식어가고 길 바쁜 열차만 김을 뿜는다.

하늘 편대 기러기

시간이 앞서 지난 지구 반대편으로
제 식솔 거느린 기러기 가장은
저린 발 어떻게 다 참았을까

고향도 선불리 등지고 난 후면
도둑 같이 저린 발 세월 까무룩 하던

하늘이 고향 길을 가늠해 주는지
기러기가 하늘 좌표를 끌고 가는지
물갈퀴도 다 드러내지 않은 채
하늘 편대 기러기는 줄 지어간다

바라볼수록 우회하는 먼 구름 사이
갈대 붓으로 쓴 놀 속 안부처럼
시간이 역주행하는 날짜 변경선서
선두는 어느새 어떤 순서로 바뀔까

곧은 길 잠영하는 하늘 호수 건너편
목마른 늪 갈대숲까지 술래 찍지 않아도
계절은 이미 네게로 축 옮겨오고
나는 뉘에게로 마음 잠시 건너간다

때로는 그 장정 비행선과 맞닥뜨려
울음 깃 송두리째 허물어놓으면
남은 여정 기러기는 어디로 향했을까

셀 수 없는 보금자리 불 켜든 별로
가도 가도 저린 발 우주 정거장엔
구름도 무임승차한 달을 벗 삼았지만

두 팔 벌여 하늘 가른 비스듬한 낫표
내 모든 이해력과 부호 가지고는
교신 안 된 화답 한편의 소리들이 진다.

The Concert 카페의 음악회

— 30년 전 동기생을 만나

새털처럼 가벼이 날고픈 열정 매달아
새털데이Saturday 음악 콘서트로 펼칠 때
우리들도 긴 시간의 여행 함께 나서본다

굳게 문 건 한인회 사정은 두고 모를 일
친구 같아 보이는 텁석부리 총각은
늦은 커피부스에 외로운 듯 앉아있고

요모조모 흩어 놓인 키 작은 의자 등 세우고
마이크로 몰입하면 흥겨움에 웃고 자지러질
지인들의 반주 이끌고 한 여인이 노래한다

높고 낮은 화음이 깎아내는 시공 너머
목소리에 실린 건 노래만이 아니라
한세월이 여장을 풀어 귀로 옮겨 앉는다

깊지 않은 밤을 지켜 앉은 자네와
여흥만큼 제때 박수 얹어보기도 쑥스러운
70-80 낡은 LP판 싸고도는 잔주름의 굴곡들

나이테 선율 따라 너털웃음 밤 이슥토록
우리들 삶도 지름길만은 아니었으리라

때로는 함박 그리움 눈송이 닮고 싶었지만
나랑은 늘 상관 않게 흐린 겨울 빗물 따라
무람없던 장교시절도 아닌 뱃살 접힌 밴쿠버

어쩌면 이젠 잘못된 퍼즐 굳이 맞추려고
구색 맞게 비틀리기보다 그냥 조합 안 된 채
흐트러진 맨얼굴 힘든 사정은 또 닿는 대로
바라보아도 좋을 사람들로 만나는 거다

스쳐 지났으면 무관하게 보일 시선도
이곳에선 벗처럼 다소곳 바라볼 수 있고
사뭇 젖어 돌아가는 밤 등 한 번 두드리고 싶다.

손톱 물어뜯기

어린 나를 흔들고 가는 것이 때론
감정의 무게였던 것이 아니라
슬픔의 부피란 걸 알게 된 이후

그 슬픔마저 홀로 제어할 수 없을 땐
습관처럼 손톱 물어뜯곤 했다

함부로 뽐내거나 만져 덧난 사춘기
손가락 건 채 물들인 새빨간 자만처럼

동일하게 반복된 말실수나 잘못이
보이지 않은 새 자라난 허물로 여겨져
혀 대신 손톱이라도 깨물어야 했다

두 손 가득 채울 배려의 싹도 무르고
도드라지게 받치고 산 긴요함도 무뎌져
느슨한 가지들의 전지가 필요한 요즘

뿌리의 근기 마르고 방심에 오므라든 잎
주변을 싸고돈 망설임의 때 낀 사정은
주저 없이 벌점을 매겨 내몰아 버린 거다

바른 손 왼 손 번갈아 나무란 후
드디어 환한 반달 테 손톱 안쪽에서
오도맣게 돋아나는 새로운 다짐들

다짐이 또 빗나갔을 때 비친 과오가
선부른 물집 부풀려 화근 부를망정

되도록 간명하게 결론만을 싹둑
치유될 수 있는 선에서 매듭짓는다.

손거울 학습

손거울은 혼자 남았을 때
자신을 매만져 단장하는 도구로 알았다

내가 나를 떠나 존재할 수 없듯
내 안을 바라보게 하는 긴밀한 교감

겸손이 가슴 적실 땐 미소 짓고
자만이 두근거려서 얼굴 붉히다가
어느 듯 안도와 자족의 표정으로
나만의 얼굴을 익혀가는 과정이다

하지만 이마저도 낡은 뜻으로 치부된 건
훗날 그대가 엿보았기 때문이다

나 외의 누군가를 염두에 두고
보다 낫게 꾸미려는 은밀한 교섭처럼
손거울은 한편 둘이 만나려 할 땐
서로를 잡아두는 도구가 된다

생소했던 마음 두 끝을 한데 묶어다
거미줄 사방 나눈 웃음 건너뛰었다가
눈가장이 잔주름에서 볼모잡히게 된
우리들 연민을 한데 엮는 과정이다

미구엔 모난 웃음도 둥글게 솎아다
키 반듯 둘만으로 기대서는 연습이다.

겨울 병가

또렷하잖을 병명처럼 흐린 날씨

염간念間 맴돌았던 내과 병동의
열 적게 의존했던 겨울 해는
한낮 스물넷 계단에서만 머물다 간다

플라타너스 길게 늘어선 문과 캠퍼스
늦은 학기 유사성 장티푸스가
진성으로 밝혀진 것은 한참 뒤
원인이 독서실 고시밥 탓인지도 모른 채

고인 눈물처럼 허공에 매단 링거액이
앓산 그림자 감싼 엷은 빗방울로 질 때
사십 여도 끓는 신열의 사위四圍
눈 감아 투영되는 벽이 높아가고

꿈 속 서성이며 잣죽 권하는 어메여
인제는 누가 와 묻더라도
이렇듯 사노라 말해 버립시다

겁 없이 맑고 큰 눈 굴리며
뱉고 싶은 체온기 읽던 간호원이

예식장 피아노소리 기웃거림에도
삶은 리터머스 시험지가 아닌 것을

빗물 네온 간판에 번진 주홍글씨처럼
용서 받지 못하고 쓰러져간 안개들
내일은 어떤 약속 잡아얄지 모를 창가에서

비행기로 접어 날리는 나른한 생각들의
약첩을 털고 나온 나의 흰 나비들은
자꾸만 출구 부딪쳐 추락하고 있을 무렵

누군가의 손이 다가와 가만 붙들어 주었다.

불면의 새벽 밥

—수면 유도제

예순 알을 먹고 서른 알 되 탈 때

의례적인 유도질문해가며
처방전 써주는 가정의에겐
좀 상냥하게 굴 필요가 있다

어둠 속에서도 얼른 눈에 띄어
달그락 흔들어 보아야 안심 되니까

대체 녀석이 어떤 음모를 꾸미기에
거미줄 같이 구축된 온갖 기량
내 첨단의 정보망도 꼼짝 못할까

곧잘 헤엄쳐 가던 바다 밑 수면睡眠
언제부턴가 수면水面 위로
수백의 탐조등이 비친 백야의 하늘

비번임을 강조하는 나를 일으켜
불침번으로 비끌어 매던 너는 또 누구

앞 뒤 트인 어항 속 눈 먼 물고기마냥
아늑한 수초 더듬듯 손 내밀곤 했지

출근 길 하룬 영양제로 알고
물 없이 삼킨 뒷맛도 어이없었지만
약 아닌 만병통치제로 속는 일이
때로는 무섭고 더 어처구니가 없었네

아무튼 나대신 널 바다로 보낼 음모 꾸며
꾀 낸 나와 약조한 바로 그 실행의 날
변기에다 슬쩍 흘려버리는 시치미 끝에

'아듀 라미' 꾸욱 물 내린 또 잠시 뒤

떠난 물과 놈의 어딘가 귀에 익은
'꿀꺽'하는 소리가 목을 타넘는다.

혼자지만 또 한 벗

빛이 언제 거쳐 갔는지도 모르게
또 한 존재가 뒤에 복사되어 남는다

알지 못한 목적지로 길 재촉할 땐
먼발치로 그는 몹시 지쳐 보였고
다시 일어서겠다고 마음먹었을 땐
곧은 버팀목이 되어 멈춰 서 주었다

길을 사랑하여 함께 동행하면서도
자주 말 건 낸 적조차 서로 없었던
밤과 낮이 이끄는 대로 생소했던 얼굴

필시 그도 얼룩진 일 없었으랴만
나를 위해 준비된 벗 같은 존재여서
앞서거니 뒤따르거니 물집 잡힌 발
새끼 꼬듯 하나가 둘로 엮인 걸음이다

그러던 차 한번은 작은 지게 나무꾼 되어
아무 눈 띄지 않은 한적한 산 속 수풀 연못

골짝들로 몸 부빈 달빛 한 짐 받쳐놓고
설익은 소견 낫으로 나를 꾸려 묶는데
그 때 털썩 주저앉은 불맨 목소리 하나

'주인님 왜 이곳까지 절 데려 왔나요'
하고 말 거는 게 너무 뜻밖이어서

새삼 뒤를 돌아보니 그의 몸 또한
엉겅퀴 억새 도둑놈가시 용비늘 등속
온통 풀비린내 베인 상처투성이다

까맣게 잊고있던 그가 하도 안쓰러워
잠시 어루만져 보려는 그 순간 훌쩍
어깨 너머로 그는 바로 사라지고 만다.

미운 오리 친구

흐린 날 연못 위에 오리 한 마리
저물어가는 하루를 생각에 잠겼다

혼자인 주위도 개의치 않고
비라도 내리는 날은 자릴 뜨려는지

마름 잎 맴돌다 헤적이는 잔물 위
사려 띄운 의문 꺾어도 풀리지 않고
골똘하게 접은 날개깃이 사뭇 가엾다

사진 한 컷 담고 싶어도 플래시 소리에
고즈넉한 명상 길 흩어 놓을까봐
살금살금 먼발치 개금발만 밟다온다

며칠 후 비소식의 바람 향방 따라서
불현 듯 연못으로 발길 옮겼을 때
주변을 서성이다 에그 그만 돌멩이 하날
걷어차서 퐁당 빠뜨리고 말았다

얼마나 놀랐을까 친구 오리는
그런데도 아직 그 자리 그냥 그대로

연회색 날개 물옷에 까아만 눈동자가
갈대 섶 수초 어귀만 유독 주시하며
여태 한 번도 깜빡이지 않고 있다

아뿔싸 누군가 심심풀이로 띄워놓은
모형 오리 하나였을 뿐이던 걸

빗물은 수면 위로 연신 물음표 찍고
고개 숙인 수련들이 살짝 외면한다

그래도 내가 찾을 줄 알았는지
조금 미안한 기색 엿보이는 오리 친구
무릅썼던 안타까움은 다행으로 쓸며

마음껏 셔터 누르고 돌아오는 걸음
세상을 다시 홀로 맞는 기분이다.

눈 길 귀가

아침에 눈을 뜨니 눈들로 온통
길들은 하얀 염려들을 둘러쓰고 있다

멈춘 차를 밀어볼 엄두조차 못 내고
내달리던 평소 발길 동동 서두르는데
비탈길 한길까지 앞서 나온 차들이
괴성 질러대며 갓길 보행을 위협한다

곡절 많은 하루 일과 이리저리 미룬 뒤
땅거미 짙어가는 마트 닫을 무렵

시간 외 수당으로 번 돈 떼어다가
사먹는 옥수수는 이빨 사이 끼고
낯선 길 낯선 돌멩이 발에 채이지만

고개 하나 더 올라붙은 옥탑 달빛
오늘 안에 만나야 나도 좀 쉴 수 있다

어디선가 한 대접 물 뒤집어씌운
고급차는 아침과 달리 바삐 종적 감추고

어느 듯 내가 지나온 낯익은 길도 그새
아슴푸레 드러누워 눈꺼풀이 무겁다

서울은 지금 몇 시쯤 되었을까
손꼽아 보기 전엔 잊혀져가는 얼굴들
'오늘도 무사히'란 통속표어 책장 넘기듯
신상품 안부들로만 재분류해 두고서

적요한 가운데도 홀로 갖는 안위는
내게 긍휼 베푸신 어지심의 비롯인가

집에 들어서도 인적 느낄 수 없지만
차 지붕이랑 돌각담 계단 내 몫으로 남은
덮인 눈 마당 쓸고는 그예 잠든 밤이 깊다.

* 2005. 1/6 의 일기.

감꽃 마을 지기

—손거울 속 계절 해후

연중 감이 유독 많이 나는 고장
감꽃 주워 목에 걸 적부터 앓던 후배는
하반신을 접고 구판장 계산대에 누워
제 날짜 건힌 셈을 치러야 잔다

생필품 떼다 진열한 부녀회원이
맡겨놓은 품목 제 손에 찾아 값 치르며
이익금 붙여주던 마을회관 누웠으면

귀에 익은 사람들 발소리도 엷어가고
낯선 인기척에게는 문 걸어놓은 처마로
알몸 꿰여 수줍음 타는 곶감들이 익어갔다

개울물 징금다리 따라 걷는 길 흐름처럼
예고없이 찾아 예정 두고 떠나는 마음
한 두 겹 우릴 감싸주던 얇은 달빛과
기울어가는 원두막이 전부인 텃밭머리서

더딘 시동 바깥 추위에 시종 방문 열어두고
누운 채 배웅해야하는 손거울을 꺼내들 때
그 거울에 내가 갇힌 것은 나중에서야 알았다

감꽃이 몇 번 더 노오랗게 폈다 진 뒤
주워본 떫은 감들 단지 속에 우려 삭히듯
쥐일락 말락 논두렁 쥐불 꺼뜨린 그도
소낙비 뇌성 맞은 풋감마냥 굴렀다

장마철 물 넘을 때 마다 부역 나와
모래 가마 쌓아놓았던 여태 못 가본 길을
그는 꿈 속 내비게이션 켜고 간 걸까

잠이 깊지 않거나 망설임 많은 날일수록
깨어서 나만의 손거울이 필요한데

맑은 날 감나무 꼭대기 하늘 삿대질하며
올 가을 감 다 따낸 장대마저 할 일 없이
담벼락 기대 어룽어룽 그림 그리는 밤이면
바람은 마른 감잎들만 알뜰히 쓸어 모았고

한 해 액운 끊어낸 방패연 실 한 가닥이
하늘 떠돌다 감가지 걸린 요 며칠 거울 속
까치밥 발그레 언 그의 얼굴이 가만
달빛 액정 깔린 휴대폰으로 내게 말 걸어온다.

제8부

내가 드릴 수 있는 것은

이바름 *

하늘에서 투명한 빛깔의 비를
산에게 뿌려주면

산에서 나무들의 초록빛 내음을 실어서
강에게 흘려주면

강에서 파아란 고기의 숨을 실어서
바다에게 들려주면

바다에서 빠알간 노을의 빛깔을 실어서
나에게 보여주면

그러면
나는 그 모든 아름다운 풍경에
내 마음을 실어서
그대에게 바칩니다.

* 아들이 고교 적에 시집을 내겠다고 노트 한 권을 들고 있었다. 청을 들어주지 않아선지 이후로 노트는 간 곳이 없다. 내게 두 편의 남은 시가 있어 미안함을 대신하여 올려보았다.

마음가짐

이바름

아이들이 넘어져도 고개를 드는 것은 아직 가는 것입니다
가려는 마음이 있기 때문입니다

하지만 가야하는데 넘어지는 것은
우리 마음에 이제 다 왔다는 생각 때문입니다

나이가 들어 고개를 떨군 듯싶지만
그 맘은 아직 가고 있으며

아직 어리다 하여 뛰기는 하나
그 마음에 만족이 있다는 것은 넘어지는 것입니다.

비유

TV를 막 보다 나온 막내 아이가
자막에 비친 낱말 하나가 궁금했던지
대뜸 악연惡緣이 무어냐고 묻는다

"그야 좋은 만남이 못 되는 걸 말하지…."
긴 듯 아닌 듯 갸우뚱 물러나는 뒤 꼭지에다

"이를테면 늬 엄마랑 아빠 같은 사이라고 할까…."
하고 마음에 없는 친절한 사족蛇足을 달고 만다

아이는 금방 홱 돌아서서 혀를 쏙 내밀고는
"으음, 짐작이 가아…." 하고 사라진다

비유가 오늘처럼 너무 가까이 머물러서 탈이다.

벽壁 1

구름 흘러도 기울잖을 벽

뵈기 싫음 제물에 지치려도
미운 까닭은 정만 두터워가

눈길 가는 데마다 아픔이 꽂힌다
손길 가는 곳마다 상흔이 핀다

모두 그 '밝은 꽃'* 언저리서
한 마리 파랑새 부름인데

시방도 예서 비가 내리면
저 켠에선 천둥이 칠 텐가

이윽히
벽이 무너지는 소리
물살 터지는 소리

눈 떠 기지개 켜랴.

* 재학시절(영대신문 '75) '붉은 꽃'으로 게재했지만 불필요한 오해될까 바꾼다.

벽 2

벽을 사이에 두고
이 쪽과 저 쪽이 서로 앓았다
병세는 어디가 깊어가는 줄 모르고

벽을 허물려고 벽지부터 떼 내면
손톱자국 빛바랜 낙서 속에서
숨었던 얘기들이 걸어 나온다

다시 붙들고 싶은 우리들 나뉜 뼈엔
파랑새 똥풀 약효가 제격인데
어르신 들끓고 간 광장은 뒤 마려워도
몸 사려 섞어들지 않는 파랑새

어딜 가면 눈길 마주칠 수 있을까
깃털을 알몸 알들을 어루만지게 될까

피난처 잡동사니 국제시장의
값싼 사랑은 더 이상 팔리지 않고
상륙작전 펼친 인천에선
파이프 문 사내도 슬그머니 삐쳤다

세월은 파도를 가르다가 멈춰 섰고
벼이삭 한 줌과 바꾼 핵우산 아래
동방의 등불은 점차 가물거려서

숱한 인명 앗았던 쌕쌕이가 유유히
아침 뉴스 내 머리 위를 나른다

애먼 길 밀고 당긴 반도 허리라 쳐도
이고 진 고의춤 속 곶감 빼먹듯
부듯가 옛일 벌써 다 까먹었던 건지

맑은 하늘 타작마당 콩깍지도 아니고
백두산을 동해상으로 실어 나르는 미사일 길

이산가족 쥐어짠 눈물 차표 한 장 쥐고
너와 나 아직은 반쪽만의 홑이불 속
사거리 못 잰 뼈들로 누워 살을 섞는다.

한설매寒雪梅

눈 되어 떨어지는 꽃술

어둠에 먹힌 하늘이 낮아
손바닥 듬뿍 먹물 적시던 날

만나자던 다짐 아니한 탓 설워
그리운 이 풀빛 옷자락

바쁜 서슬 유한幽閑한 눈결에
동매冬梅 주랴 하던 말씀

그로부터 마음 깊숙이 갇힌
은밀한 내계內界는 쉬임없이 열리고

애지愛之한 바탕 위에
허허로운 눈발 내려 잣눈尺雪 쌓일 땐

쾌히 보내온 한설매는
가난한 이웃 정원서 뿌릴 내려줄까

사계四季 띄워 문 걸어놓은
습지 가슴 물 한 표주박 내뿜으며

서둘러 일어나 내다보고 싶어라
솜씨 피울 줄 모르는 올겨울 창호窓戶 밖들만.

휴일 하루는

무료한 휴일 큰 아이를 꺾어 엎어놓고 묻는다
"녀석아 늬는 아빠의 어디가 젤 좋으냐?"

어딜 봐도 아들 입장에선 신통찮을 모습일 텐데
주리가 틀린 게 꽤 아픈지 궁리를 짜내더니
"귀가요…" 라고 대답한다

"어째서냐 만약 답이 시원찮을 땐 바로 빠떼루*다"

"음 눈은 노려 볼 때가 밉고요~
입은 나무라니깐 싫지만…."

"싫지만…뭐?"

"아빠의 큰 귀는 우리 얘길 들어줄 때가 있죠"
'뭐, 아빠의 큰 귀라고….'

귀가 솔깃해져 잠시 머쓱해진 사이
녀석이 포박을 풀고 벗어나는 중이다

"그래 나도 늬 느낌을 솔직히 말하는 요 입이 좋더라"
하고 까슬한 턱으로 아들의 볼을 마구 부비다가

어느 새 포위망을 뚫고 빠져나가는
엉덩일 냅다 한 대 갈겨 놓는다

녀석도 괜히 엄살 이상의 "어이쿠 사람 살려~!"
턱없는 비명을 지르고는 제 방으로 꽁무니를 뺀다.

* 빠떼루 : 레슬링 경기에서 엎드린 상태의 허리를 뒤로 잡힌 채 상대방에게 공격을 허락하는 벌칙.

산에만 비가 잦은 이유

구름은 다이어트가 싫었다

해종일 물에 들어 장난만 치다가
시원한 들판도 달음박질하고
힘겨운 산행이 시작될 때야 비로소
자기가 물 보퉁이란 걸 알았다

정상이 멀찌감치 보이고
숨이 턱에 닿아 잠깐 쉬고 싶은데
얼굴까지 파래진 번개는
너무 지체한다고 늘 난리다

울상이 된 구름이 그제야 생각 난 듯
물바가지 하나를 꺼내 들었다

한 바가지
한 바가지씩
몸 밖으로 물을 떠내 버릴 적마다
구름은 쉬 산 너머 집을 찾아갔지만

구름이 머물다간 산꼭대기엔 그렇게
내다 버린 물이 종일 비가 되었다

그게 높은 산일수록 더욱 잦았다.

빗물로 엮어낸 배웅

— 떠나는 등 뒤에서

하늘도 등 돌리고서 구름 뒤만 보여주던
떠날 짐 채비가 가로놓인 창가엔
빗물의 표피들이 한 꺼풀씩 풀려난다

들여놓을 신발마저 이제 못 볼 처마 밑
무게 줄이고 줄인 산행배낭 비품처럼
다 털고 돌아가는 네 모습 뒤로

봉숭아 꽃물들인 엄마의 새끼손톱과
떡잎 같은 약속들 어깨 젖힌 잎이 보였다

담장을 딛고 선 놀 저녁 해바라기였을
묵직했던 기억 저편 등의자 놓인 뒤뜰엔
막연히 매달리고 그을렸던 마른 시간이
서둘러 잠겼다 가는 얼굴 붉힌 작은 연못

고여서 머문 뒷짐 주저함이 손 내밀었던
'투게더'나 '오두막' 같은 안습眼濕에 젖어
가지 끝에 쳐진 거미줄 빗방울도 비치지만

맑게 웃는 얼굴 쌍무지개 내건 눈썹과
파랑 언덕 볼우물 샘을 타고 내린 미소로

서운함의 그늘 접은 쉼 한 번 다짐 한 번
강물이 발 담그는 수평바다 가슴에 이르면
내일은 또 다른 하루 마중 나와 악수할 거다.

* Together : 중국계 비디오 영화(2002년 제작).
* The Shack : '윌리엄 폴영'의 원작 소설로 만든 영화.

막내의 귀가

'띵똥 띵동'
'누구세요? (who is it?)'

'……'
하는 수 없이 현관으로 나가본다

문을 열어주기까지 그 잠깐 동안
호기심의 공기가 양껏 부풀어 오른다

도어의 손잡이가 궁금증만큼 돌아가고
출입문이 '찰칵' 열리자마자

'나야 나' 하고 막내가 쏘옥
겨드랑 밑을 통과해 집안으로 휑 내닫는다

하교길에서도 막내는 늘 이렇게
신선한 공기를 몰고 돌아왔다

그가 잠시 사춘기 바람을 타며
풍선처럼 팽팽하던 공기를 일부
사그러 들였다 다시 되돌리고 난 아직은….

〈작품 해설을 대신하여〉

다시 읽는 성서 이야기

─부활을 중심으로 한 이해 돕기

독자를 위한 배려로 통상 이런 뒷장에서는 작품해설을 의뢰하고 있으나 필자는 이미 몇 편의 시에서 성서에 근거한 '부활(지상부활)'이란 용어를 사용했으므로 시집이란 관례상 통념을 깨고 부활의 견해를 직접 설명 드리고자 한다.

종교적 배경에 따라 성서의 권위를 인정하든 안든 간에 성서란 책은 이미 인류 다수의 교범으로 서가마다 채워지고 있으며 특히 '부활'이란 용어자체가 꽤 의미 있는 관심사이기 때문에 차제에 편견 없는 일독으로 고상한 사색의 기회를 권해 드리고 싶다. 모든 분이 이해하기 쉽게 성구를 일일이 부기했으니 시간을 두고 참고했으면 한다.

'부활되는 사람'은 죽음에서 생명으로 일으켜 세워지고 죽기 전과 같은 사람으로 다시 살아나는 것이다.

성서에서 언급되는 부활의 양상처럼 필자는 크게 하늘의 영적 피조물로 존재하게 되는 '하늘 부활'과 육체로 땅에서 재창조(부활)되는 '지상 부활'로 양분하여 소개하고자 한다.

기성 교직자로부터 일반 신자에 이르기까지 이미 다수의 보편화된 주장은 이른바 '하늘 부활'만이 사후세계의 정설처럼 받아들여지고 있는 것이 현 실정이다.

그에 반해 땅을 기반으로 삼는 '지상 부활(재창조)'을 말하는 소수의 주장은 마치 뜬구름 잡는 것처럼 이단시하거나 간과되고 있어 안타까운 측면이 있다.

먼저 소개할 '하늘 부활'의 성격과 그 의미부터 면밀히 따져 보기로 하면 성서는 '하늘 부활'의 첫 예로 예수 그리스도 자신을 '…죽은 사람 가운데서 처음 나신 분'(골로새1:18 - 이하 참고 성구들은 개역 한글판과 신세계역을 인용하였음)이라 부르고 이런 영적 인격체로 부활을 하게 될 사람들이 더 있을 것으로 예고했다.

바울도 각자 자기 순위대로 부활될 것이라고 하며 '…첫 열매는 그리스도이시고요 그 다음은 그리스도의 임재 중에 그분께 속한 사람들입니다.'(고린도 전서:15:20,23)라고 말했다.

이처럼 예수께서는 하늘로 가게 될 자신의 제자들로 이루어진 사람들을 가리켜 '적은 무리'(누가12:32)라 부르기도 했다.

이 '적은 무리'들이 하늘 생명으로 부활되어 과연 하늘에서 무슨 신분을 얻게 되고 실제 어떤 일을 하게 될 것인지는 다음과 같은 성구에서 그 역할을 추리해 볼 수 있겠다.

'우리는 …하느님께서 주시는 건물을 얻게 됨을 압니다. 그것은 손으로 짓지 않은 하늘에 있는 영원한 집입니다.'(고린도 후서5:1)와 '…그들은 왕으로서 땅을 통치하게 될 것입니다.'(계시5:10)라는 데서 보면 그들은 앞으로 영적인 격체로 존재하게 되며 즉위하신 왕 예수그리스도를 돕는 '신부 반열'(계시21:9)로도 표현되듯이 예수께서 앞으로 왕 겸 제사장으로 지상을 통치하시(계시11:15)는 천년 동안 그 돕는 일을 할 것이다.

즉 수많은 지상에서 죽어간 인류의 부활이 시작될 때 그들에게 나누어줄 양식을 예비하고 백성을 의롭게 통치하는 데 따르는 보조자인 왕으로서의 역할을 충분히 해낼 수 있는 자로 하늘에 있지만 땅을 통치하는 것이다.

또 수효를 밝혀 놓은 곳이 있는데 결론만 말한다면 그 수는 십사만 사천 명(누가12:32)에 이르게 된다.(혹자는 이 수가 문자적이 아니라 비유적이라고 하지만 한 지파 당 12,000명씩으로 이루어져 열두 지파의 집합체(계시20:12)인 이 구체적인 수가 문자적이지 않을 이유는 없다.)

이를 다시 정리해보자면 하늘로 부활 되는 이 반열(하늘 반열)은 영적 인격체로 예수의 지상통치를 돕는 보조자(왕 또는 공동통치자) 역할을 할 것이고 '적은 무리' 또는 '신부 반열'로 불리기도 하며 그 수는 십사만 사천 명이었다.

다음으로 소개될 '지상 부활'의 예를 살펴보면 성서는 예수께서 친구라고도 부른 '나사로'를 부활시켜 주위 사람들에게 큰 기쁨을 안겨준 것 을 포함해서 모두 여덟 번의 부활 사례들을 보여준다.

즉 '엘리야'는 한 과부의 아들을 부활시켰는가(열왕기 상17:17-24) 하면 '베드로'는 그리스도인 여자 '도르가'를 부활시킨(사도9:40) 적이 있다.

그 외 다른 예들(나인 과부의 아들, 수넴 여자의 아들, '야이로'의 딸, '유두고', '엘리사'의 '뼈에 닿은 이' 등이다.)을 참고할 수도 있겠지만 마지막 날(예수께서 직접 이 땅을 다스리며 심판하시는 천년통치 기간)에 가면 대규모의 '지상 부활'이 있을 것으로 본다.

상대적으로 수효마저 짐작할 수 없는 이 지상 반열은 이미 밝혀진 '적은 무리'와 비교했을 때 '큰 무리'(계시7:9.14)라 일컫기에 충분하다.

이 점을 예수께서 '기념무덤에 있는 모든 사람이 그(예수)의 음성을 듣고 나올 것'(요한5:28,29)이라고 말씀하신 것처럼 사도 바울은 '의로운 사람들과 불의한 사람들의 부활이 있으리라'(사도24:15)고 했다.

또 다른 곳에서는 '바다가 그 안에 죽은 사람들을 내주고 죽음과 무덤도 그 안에 죽은 사람들을 내주었다…' (계시20:13) 라고 하여 바다에서 목숨을 잃은 사람까지도 그 때 다시 살아날 것임을 고무적으로 알려 준다.

이렇게 성서에 의하면 말일에 많은 사람이 부활 되고 또 그들은 천년통치 기간에 다시 죽을 수도 있음(둘째 사망)을 알려주며 부활 받은 이후 그 행위의 결과에 따라 '생명의 부활'도 '심판의 부활'도 될 것이라는 것이다.

하지만 문제는 성서가 이렇게 세부사항까지 상세히 기술한 내용을 두고도 아직 많은 이들이 '지상 부활'의 사실을 '하늘 부활'로 편향되게 적용하여 하느님 본래의 취지를 구부려놓는 오류를 범하고 있다는 사실이다.

얘기를 성서 전반에서 실마리를 찾아 풀어보자면 사실 구약(히브리어 성경)에는 '부활'이란 단어가 나오지 않지만 그에 대한 가르침들은 들어있었다. 실제 고대의 성서인물들은 '지상 부활'의 경우만 이해하고 있었을 뿐 아무도 '하늘 부활'에 대한 소망을 언급한 적이 없었다.

'지상 부활'에 관한 기대만은 구약에 등장하는 많은 성서인물들이 가진 확증된 믿음이었던 점은 다음과 같은 예에서도 찾아볼 수 있다.

즉 '아브라함'이 그가 모리아 땅으로 '이삭'을 재물로 데리고 간 것은 이미 '부활'을 확신했고 사실상 하느님으로부터 '이삭'을 다시 돌려받음으로써 '지상 부활'의 결과(히브리11:17,19)와 같았다고 볼 수 있으며 욥도 자신을 부활시킬 수 있는 하느님의 능력에 믿음을 표현했다. 또 '엘리후'의 말에서도 그 점이 증명된다.(욥기14:7-9;13-15;33:23-26)

다른 예로 '나사로'의 죽음을 슬퍼하던 '마르다'는 예수에게 '마지막 날 부활 때에 오라비가 살아나리라는 것을 저는 알고 있습니다.'(요한11:23,24)라고 한 데서 확고한 믿음을 볼 수 있고 나아가 여호와께서 '이사야'와 '다니엘'에게 보증한 말씀 속에서도 찾을 수 있다.(이사야 26:19;다니엘12:13)

그렇지만 구약시기에도 '하늘 부활'에 연루되었던 성서인물이 있었을 것으로 믿고 있는 반론도 여전히 만만치 않다. 이런 부류의 사람들이 '하늘 부활'의 물증으로 언급하고자 하는 성서인물이 바로 '엘리야'와 '에녹'인데 그러면 이 두 예언자의 정황을 좀 자세히 들여다보기로 하자.

요컨대 '엘리야'의 경우 그를 '하늘 승천'이나 '휴거'로 보려는 경향이 있는 구절인 '…엘리야는 폭풍에 실려 하늘로 올라갔다' (열왕기 하2:11)는 대목을 살펴보면 여기서 '하늘'은 '물질적인 하늘'(창세기1:6-8) 즉 '궁창'을 의미하는 것이라 할 수 있다. 그 이유로 '엘리야'는 적어도 여러 해 후에도 여전히 살아서 예언자로 활동하면서 '여호람'(유다의 왕)에게 글을 보냈던 (역대 하21:12-15)기록이 있는가하면 또 수종 '엘리사'가 스승의 죽음을 애도하는 기간도 갖지 않았기 때문에 그가 승천하였다고는 볼 수 없다.

다만 그의 신변을 염려한 나머지 하느님께서 회오리바람을 사용해 그를 일시적으로 다른 장소로 옮기셨을 뿐인 것이다.

이런 경우는 '에녹'에게도 적용되겠는데 '에녹'이 그의 예언으로 인해 박해가 닥쳤을 때 하느님께서는 반대자들이 '에녹'을 죽이도록 허락하지 않으셨다. 하느님께서 '그를 데려가셨다'는 말의 의미엔 그를 동시대 사람들의 수명보다 단축시켰다는 뜻이 담겨 있을 것이다.

성서의 다른 인물들 경우처럼 여호와께서는 '에녹'의 시체도 처리하신 걸로 보이는데 '에녹은 죽음을 보지 않도록 옮겨졌습니

다.'(히브리11:5)란 표현은 '모세'의 예에서도 볼 수 있었다.(신명기34:5,6;유다:9)

또 훗날 '바울'이 '에녹'의 이름을 하느님의 다른 고대 충실한 증인들의 이름과 함께 열거한 후에 '…이 사람들은 모두 믿음 안에서 죽었습니다.'(히브리11:13)라고 한 것을 봐도 '에녹'은 땅에서 사망한 것이다.

아울러 고대의 예언자들의 '메시야'적 예언들은 자기들에게 적용되는 것이 아니라 후일에 성취되는 것임을 알고 있었다고 봐야겠다. 이 점을 또 '베드로'는 '그들은 자기들이 섬긴 그 일이 자신을 위한 것이 아니라 여러분을 위한 것임을 계시 받았습니다…'(베드로 전1:12)라고 한 데서도 드러난다.

'베드로'는 예수의 부활 얼마 후 오순절 날에 연설하면서 충실한 왕 '다윗'에 관하여 이렇게 말했다. '다윗은 하늘에 올라가지 못하였으나…'(사도2:29,34,;13:22) 하면서 예수께서 그의 적들을 멸하심으로 자기 발 아래 두시는 행동을 기다리고 있다고 설명한다.(사도2:35)

마찬가지로 '엘리야'와 '에녹'도 다른 사람들과 함께 무덤에 있으며 예수께서는 이들 충실한 사람들을 부활시켜서 그들로 온 땅의 방백들로 삼으실 것이다.(시편45:16)

나아가 더욱 중요한 단서로는 예수께서 그의 생애 중에 하신 분명한 말씀에 비추어 볼 때 이들의 죽음이 '하늘 부활'이 될 수 없음이 보다 명백해진다.

즉 그 분은 '하늘에서 내려온 자 곧 인자(사람의 아들) 외에는 아무도 하늘에 올라간 일…'(요한3:13)이 없음을 밝히셨다.

또 제자들의 하늘 처소가 마련되지 않았다는 뜻으로 '…나는 여러분을 위한 자리를 준비하러 갑니다.'(요한14:2.3) 라고 하신 점에도 유의해 볼 필요가 있다.

예수께서는 영으로 하늘에서의 생명으로 부활되신(베드로 전 3:18) 후에도 지상에서 40일 동안이나 제자들에게 모습을 보이셨고 승천하신지 10일 후인 오순절에 하느님은 '하늘 부활'을 받을 자들의 '첫 성원'들에게 예수를 통하여 기름부음을 행하셨다.(사도1:3;2:1~4,33)

여호와 하느님이 친히 예수를 부활 시키셨고 (사도3:15,5:30;로마서4:24,10:9) 예수가 다양한 육적인 몸으로 제자들에게 나타나신 것은 고대에 천사들이 사람들에게 나타난 것과 같은 방식이었다.

여기서 유념해 둘 사실은 '하늘 부활'의 '첫 성원'(히브리3:1)들을 기원 33년 오순절 날에 이르러서야 비로소 모아들여졌다는 것인데 이런 기록의 성서내용을 미루어 짐작해보면 기원 1C 오순절 이전에 지상 생애를 마감한 이들은 시기상으로 '하늘 부활'엔 해당하지 않는다는 결론에 이르게 된다.

이를 시간상으로 쉽게 이해할 수 있도록 성서 속의 한 인물을 들어 재미있게 설명하자면 '나사로'가 예수에 의해 '지상 부활'이 있었을 때는 기원 33년 오순절이 시작될 무렵으로 보인다.

그리고 그가 아마 살아서 오순절 날 예수의 제자들과 함께 다락방에서 성령을 받았을 것으로 기대하면 그는 시기적으로 '하늘 부활'의 '첫 성원'으로 기름부음 받고 영으로 출생하였을 수 있었던 것이다.(사도2:1-4,33,38)

하지만 공교롭게도 그의 '지상 부활'이 선행되지 않았다고 역으로 가정하면 제자들과 함께 모였던 다락방엔 산 모습으로 참여할 수 없었겠고 마찬가지로 '하늘 부활'에도 이를 수 없었다는 결과가 되는 셈이다.

이를 통해 지금까지 전개해온 내용을 정리해 보면 구약 시대에 성서인물들은 하늘 반열에 속할 수 없었고 땅에서 일으킴을 기다리고 있다는 것이다. 즉 그들은 '지상 부활'의 믿음만 가지고 있었고 '하늘 부활'에 대한 기대나 정보라곤 없었으며 '하늘 부활'의 첫 성원이 모아들여지게 된 시점은 1C 오순절 날에 이르러서야 가능했다는 사실이다.

다른 한편으로 우리가 '하늘 부활'을 증명하는데 가장 큰 취약점이 될 사실 중 빼놓을 수 없는 한 가지는 하늘 생명으로 부활될 수 있는 신분은 누구나 자원한다고 다 가능하지가 않다는 점이다.

이를테면 이는 우리 중 누구도 자신의 부모를 미리 선택하여 태어날 수 없듯이 '하늘 반열'은 오직 하느님의 선택으로만 가능하게 되어 있기 때문이다.

이렇듯 '하늘 부활'이 이른바 '적은 무리'의 수처럼 이미 정해져 있는 소수인데다 모든 사람에게 다 적용되지 않게 될 마련이라면 우리는 과연 어떤 대비를 해야 하는 것일까?

이 점은 현재 대다수가 '큰 무리' 신분인 우리들에게 직결되는 관심사로서 '지상 부활'에 보다 큰 비중을 두고 살펴야할 요인으로 작용될 뿐만 아니라 하느님의 목적과도 밀접한 관련이 있다.

그러면 이제 하느님이 원래 계획하셨던 의도에 접근하여 성서에서 몇 가지 근거를 찾아보면 다음과 같은 이유들을 들 수 있겠다.

먼저 첫 근거로 하느님은 순종하는 완전한 인간들이 땅에서만 거주하게 할 목적을 가지고 계시므로 '지상 부활'은 마지막 날 인류전체에게 가져다줄 유일한 희망임을 밝혀주게 된다.

하느님은 오래 전 물질적 우주를 만드신 후 알 수 없는 기간 동안 존재해온 땅을 창조의 여섯째 날들로 알려진 수만 년에 걸쳐 매우 아름다운 장소가 되게 하셨다.

이를 뒷받침 하는 근거로서 이 문자적인 땅은 영원무궁토록 존재할 것이며 요동치 않게 되어있다.(이사야45:18) 이것은 마침내 하느님의 원래 계획 대로인 '의로운 사람이 땅을 차지하고 거기서 영원히 살 것'(시편:37:9,11,29)이란 예언과도 부합되며 일치한다.

또 다른 근거로 하느님께서 우리의 마음에 한정 없는 시간 즉 '영원히 살고 싶어 하는 욕망을 넣어 주신'(전도서3:11) 점을 간과

할 수 없다. 다윗은 그의 시에서 '여호와께서 그곳에 축복을 명하셨으니 바로 한정 없는 때까지 누리는 생명이라'(시편133:3) 라고 한 것처럼 성서 여러 필자에 의해 영원한 생명이 언급되어 왔고 하느님은 우리에게 전혀 실현가능도 없는 상상만을 헛되이 하도록 내버려두시지 않으셨을 것이기 때문이다.(누가11:11-13 참조)

지금까지 얘기에 어느 정도 수긍을 했다고 한다면 이제 독자 가운데서 이런 질문을 제기해올 것을 가정해 볼 수도 있겠다.

'하느님이 이런 후속 마련들을 알려주셨음에도 성서의 참 지식들이 왜 그렇게 오래도록 방치되었으며 우리들은 비성서적인 오류 속에서 혼란을 겪게 되었는가?' 하는 의문인데 그 원인 역시 성서의 시초로 올라가 봐야할 것 같다.

에덴동산의 반역이후에도 하느님께서는 자신의 처음 목적과 의도를 조금도 수정 않으시고 즉각 조처하셨는데 그 구체적인 내용은 '지상을 밝혀주는 빛들'이란 궁한 시에서도 잠시 언급한 대로 창세기 3:15절에 담긴 '뱀'(뱀의 씨)과 '여자'(여자의 씨) 관계에서 잘 묘사되어 있다.

인류의 첫 조상 이래로 사탄이 제기한 하느님의 우주주권의 정당성에 대한 의문은 인간이 스스로를 다스리면 훨씬 더 행복하게 살아갈 것이라는 의미가 내포되어 있었다.(창세기3:1-5)

이를 다른 성서인 욥기를 통해서보면 사탄이 하느님을 대면하여 인간은 아무런 대가나 축복 없이 창조주를 숭배하거나 찬양을

드리지 않을 것이라고 이의를 제기하기도 했다. 이에 대해 하느님은 사탄에게 욥의 생명을 제외하고 그의 충절을 시험해 볼 것을 허락하셨는데 '…그가 가진 모든 것이 네 손 안에 있다'(욥기1:12)라고 하신 말씀과 같다.

첫 조상이 현혹되었던 반응과는 달리 욥은 충절을 고수해서 사탄의 주장이 거짓됨을 증명했지만 아담 이후 오늘날 우리가 처한 상황도 이와 같은 쟁점이 해결되는 과정에 놓여있다고 할 수 있다. 즉 '세상은 악한 자의 지배 아래 있다'(요한 5:19)라는 기록처럼 하느님께서는 사탄과 인간으로 하여금 그들의 충분한 시도를 통해 쟁점납득이 가능한 기간을 통치토록 허용하셨고 우리는 그 남은 시기를 살고 있는 것이다.

우리들은 누구나 예외 없이 죽음과 질병을 싫어하고 굶주리거나 전쟁과 폭력에 희생당하기를 원치 않는다. 그러나 오늘날 우리들처럼 앞서간 인류 모두가 직면했던 사탄과 그를 추종한 인간들의 통치기간이 빚어낸 결과는 이루 말할 수 없는 참혹한 것들뿐이었다.

그 중 몇 가지만 열거하자면 하늘에서 쫓겨난(예수께서 부활되어 하느님 우편에 앉으신 후 그들을 내쫓으심) 반역한 천사들이 그를 추종하는 '뱀의 씨(후손)'들을 부추겨 1차 2차로 거듭된 양차 세계대전과 같이 이 땅을 엄청난 전쟁의 소용돌이로 몰아넣기까지 하였다.

종교적으로는 '세상의 권세 잡은 자'(에베소2:2)가 상인들과 '큰 바벨론'을 연상시키는 '거짓종교 세계제국'이 결탁토록 하여 이 땅을 탐욕과 독선적 이기심으로 그릇 인도하고 있는 것이다.

그 가운데 세계전역에서 자행되고 있는 '여자의 씨'(후손, 즉 하느님의 뜻을 지지하고 순종하는 그리스도인)를 상대로 한 불순종의 세력이 미치는 영향으로 각종 국가권력을 동원한 탄압과 순결한 숭배행위에 대해 가해지는 박해는 이 순간에도 지상 전역에서 자행되고 있다.

그들의 불순종의 의도는 하느님이 기록하신 성서가르침에도 영향을 미쳐 각종 철학과 이교적인 관습을 주입시켰는가하면 조상숭배의 전통과 상업주의적인 축일 및 정치적 후원 등으로 인해 오염된 숭배방식을 초래한 것이 오늘날 우리가 직면하게 된 비성서적인 가르침의 주된 원인이라 할 수 있다.

그러나 앞서 언급했듯이 하느님께선 아무런 조처를 취하지 않고 계신 것은 아니었다.

충실한 당신의 순종적인 백성들이 반드시 돌아올 것을 염두에 두신 하느님은 이 땅을 회복시키시고 불합리한 세상제도를 끝내실 계획아래 아들 예수를 왕으로 삼으셨다.

하느님께서는 왕 겸 제사장으로 임명하신 예수그리스도로 하여금 '뱀'(사탄, 마귀)의 머리를 밟도록 하여 멸망의 무저갱으로 내던짐으로써 그들은 천년 동안 더 이상 나라를 잘못된 길로 인도하지 못하게 하실 것이다.(계시20:30) 이로써 그동안 지속된 우주쟁

점은 마침내 해소될 것이고 이 땅은 처음 하느님의 본래 의도대로 낙원이 된 상태로 돌아가는 것이다.

사람에게 죽음보다 더 큰 슬픔이나 고통이 존재할까? 아마도 없으리라 본다.

일찍이 의로운 성서 인물이었던 욥도 '사람이 죽으면 다시 살 수 있겠습니까?'(욥기:14:14) 하고 질문했던 적이 있다. 그에 대한 하느님의 대답으로 거론될 수 있는 성구는 '너의 죽은 자들이 살아날 것이므로 나의 주검(직역: 나에게 속한 주검)들은 일어날 것'(이사야26:9)이라는 말씀을 들 수 있다.

이 땅에서 인류의 역사가 시작된 이래 첫 인간조상을 제외한 어느 누구도 죽음에서 자유로울 기회가 없었지만 우리에게 생명을 허락하신 창조주 하느님은 최초의 계획대로 죽음이나 고통과 눈물도 없는 환경으로 되돌려 놓겠다(계시21:3,4)고 하신다.

사도 바울도 한 때 '만일 죽은 사람의 부활이 없다면 그리스도께서도 일으켜지신 것이 아닙니다.'(고린도 전15:13)라고 했다. 고대 충실한 자들에 대해서도 그는 말하기를 '…다른 사람들은 얼마의 대속물로 석방되는 것을 받아들이지 않았기 때문에 고통을 당하였습니다. 그것은 '더 나은 부활'을 얻기 위함이었습니다.'(히브리11:35)라며 이들도 당시의 삶이 전부가 아님을 알고 있었다고 했다.

즉 '죽음과 하데스의 열쇠'(계시1:18)를 가지고 계시고 영원한 생명을 줄 권위(고린도 전15:45)를 지닌 그리스도는 여호와 하느님이 정하신 때에 '더 나은 부활'을 행하실 것이다.

다행히 우리가 그리스도인으로서 좋은 신분을 유지하고 마땅한 요구조건에 달한 뒤 죽음(큰 환난의 심판 전)을 맞게 된다면 대부분 '지상 부활'올 경험하게 될 것이고 이미 충실하게 지상 생애를 마친 고대성서 인물들의 모습(큰 자나 작은 자나 모두 왕 앞에 선 것을 보게 되듯이 죽은 자들도 그 행위대로 심판 받을 때 먼저 일으킴 받을 자가 있으리라 본다.)을 직접 목격하는 즐거움도 누릴 수 있겠다.(계시20:12)

하지만 이에 앞서 있게 될 부활에 관해 계시록 20:5.6은 그리스도와 함께 다스릴 자들의 부활을 '첫째 부활'이라고 불렀다. 이 '첫째 부활'은 시기상 '지상부활'보다 이른 부활로 사도 '바울'은 그리스도 임재 중(그리스도 임재는 1914년부터 시작되었으므로 그 후 언젠가부터 '첫째 부활'은 시작되었고 지금까지도 진행 중임)에 그 부활이 있을 것으로 기록하였다.

우리는 바로 그 때에 살고 있다. 따라서 14만 4000명 중 현재 남아있는 소수의 사람들은 죽으면 즉시 부활되어 하늘에서 살게 될 것으로 보여 진다.(고린도 전15:51-55)

이 점에 대해 '로더럼'의 번역판도 빌립보 3:11절을 '어떻게 해서든지 내가 죽은 사람들 가운데서 나오는 '이른 부활'로 나아가려는 것입니다.'로 옮기고 있다.

우리는 때로 주변의 잘못이나 개인적인 실수로 인해 커다란 슬픔을 체험하였거나 뼈저린 상처를 남기게 된 것을 후회하고는 '다음에 다시 한 번 기회를 준다면 더 잘 할 수 있을 텐데' 하는 아쉬움을 품고 산 적이 분명 있었을 것이다. 그러던 중 이러한 성서지식을 통해 진리인 '부활(재창조)' 소식을 대하는 순간 뛸 듯이 기뻐하지 않을 수 있겠는가.

우리뿐 아니라 많은 죽어간 사람들도 다시 지상 삶을 시작하게 된다면 하느님을 향한 경외심과 과거의 실수들을 교훈 삼아 더욱 가치 있고 보람된 삶을 찾지 않을까 생각한다.

고로 우리는 '나와 내 가족이 하느님을 올바로 믿을 것인가?'(여호수아24:15) 하는 질문을 했던 고대 성서인물의 제안을 지금 받아들일지를 신중히 고려해 보아야하며 오직 그 선택은 개인 각자에게 달려 있다고 하겠다.

마지막 때에 살고 있는 우리들로서는 마치 진공상태에 있는 것처럼 아무런 영의 영향을 받지 않고 살 수는 없으며 '성령'과 '세상의 영' 중에 어느 것이 자신의 삶을 지배할 것인지 선택해야 하는 중요한 시점에 처해있다고 할 수 있다.(빌립보3:18,19;요한 1서 2:16)

이상의 해설에서 필자는 되도록이면 '지상 부활'에 관한 견해를 중점적으로 부각시키고 '하늘 부활'(천국 또는 영적 승천)에 대한 포괄적인 오해의 소지를 불식시켜 보고자 했다.

다만 이 가운데서도 '생명의 부활'과 '심판의 부활'(사도24:15)이나 예수의 '천년통치' 마련(계시11:5), '큰 환란', '첫째 부활'(계시20:5)과 '이른 부활'(빌립보3:15) 또는 '더 나은 부활' 및 '둘째 부활' 등에 이르기까지 세부적이고 의미 있는 해설이 필요한 부면의 대목들을 다 언급할 수 없었으므로 'JW.ORG'란 여호와의 증인의 공식 웹 사이트로 방문해서 도움 받을 수 있기를 권해드린다.

성서에 관한 더 많은 참다운 지식과 가르침을 알기위해서는 개인연구를 통한 많은 조사와 묵상이 필요할 것이다.

하느님은 욥에게 그가 겪는 고통의 이유를 설명해주지는 않으셨지만 그가 올바른 시각을 갖게 되도록 많은 교훈을 하셨다. 우리도 여호와께서 자신의 주권을 옹호하는 자들에게 상 주실 것을 확신하므로 모두가 '참을성과 기쁨으로 온전히 인내'(골로새1:11) 할 수 있게 될 것이다.

사실 종교에서는 너무 불필요한 일을 많이 만들어 놓았다는 말도 맞다.

창조주 하느님께서는 우주를 운영하는데 필요한 모든 지식과 지혜를 가지고 계시지만 온화한 사랑이란 최상의 방식을 사용하시기 때문에 우리를 압제하거나 엄격하지 않고 항상 자유와 기쁨을 누리게 해 주신다.

이러한 평화의 소식으로 기쁨을 수반하는 삶은 그 분이 인도하고 계시는 하나의 조직을 통하여 우리들에게 소상히 가르침을 베풀고 확인시켜 주신다는 사실을 필자는 분명히 확신한다.

결론적으로 불순한 동기가 없는 가운데 겸허한 피조물로서 참 그리스도인이 해야 할 역할은 창조주이신 하느님의 주권을 보다 충성스럽게 옹호하는 일이 될 것이다.(계시4:11)

인간이 하느님의 통치권을 충성스럽게 지지할 수 있다는 점은 '구름같이 많은 증인'(히브리12:1)들에 의해 증명된 것처럼 우리들도 하느님에게 거짓되게 붙여진 갖은 중상과 비방을 일소하고 그간 우리를 혼란케 했던 무지의 영역과 어리석음의 의식들로부터 과감한 인식전환을 꾀한다면 상쾌한 그 분의 영을 받을 수 있게 됨은 물론이다.

지금도 세계 전역에서 좁은 길을 새롭게 찾아 걸어 나오고 있는 많은 '큰 무리'의 참 그리스도인을 보게 되면 그들의 진정한 선택과 용기에 더욱 찬사와 격려를 드리고 싶다.

모쪼록 하나뿐인 지구 보금자리 곳곳에서 더불어 숨 쉬며 노래하는 가운데 '하늘 부활'과 같이 잘못 인식되어온 성서적 오류들에서 벗어나 영원하신 창조주 하느님께 합당한 찬양과 영광을 되돌려드리는 일에 동참할 수 있음은 얼마나 기쁜 일인가.

머지않아 우리가 처한 세상의 모든 악이 사라지고 '지상 부활'의 마련을 통해 영원한 안식처인 이 땅에서 맞게 될 새아침의 즐거움과 경이는 오직 한 분이신 여호와 하느님에게만 속해있고 가능한 것이기 때문이다.

이제 지난날 여린 마음도 주저 없이 드러내고 쓴 빈곤한 시들과 함께 조금씩 떼어놓은 작은 공감이라도 나눌 부분이 있었다면 영적 이해심과 친절한 길벗으로 언제든 교류를 이어갔으면 하는 바람만 남은 것 같다.

이 글을 끝까지 읽어주신 분들에게 감사드리며 이러한 해설을 소개할 수 있도록 교정과 격려를 아끼지 않으신 이명학님께 넘치도록 베푸신 사랑에 포근한 안부를 얹는다.

이승돈 시집

예고된 길 뜻밖의 예감

발 행 일 | 2017년 9월 15일
지 은 이 | 이승돈
발 행 인 | 李憲錫
발 행 처 | 오늘의문학사
출판등록 | 제55호(1993년 6월 23일)
주　　소 | 대전광역시 동구 대전로 867번길 52(한밭오피스텔 401호)
전화번호 | (042)624-2980
팩시밀리 | (042)628-2983
홈페이지 | http://www.lito77.co.kr(홈페이지)
전자우편 | hs2980@hanmail.net

공 급 처 | 한국출판협동조합
주문전화 | (070)7119-1752
팩시밀리 | (031)944-8234~6

ISBN 978-89-5669-847-2
값 15,000원

* 이 책은 교보문고에서 E-Book(전자책)으로 제작 · 판매합니다.
* 잘못 제작된 책은 바꾸어 드립니다.